Karl-Markus Gauß

Die unaufhörliche Wanderung

Paul Zsolnay Verlag

Mit Unterstützung von Stadt und Land Salzburg

2. Auflage 2020
ISBN 978-3-552-07202-2
© 2020 Paul Zsolnay Verlag Ges. m. b. H., Wien
Satz: Nadine Clemens, München
Autorenfoto: © Kurt Kaindl
Umschlag: Anzinger und Rasp, München
Foto: © plainpicture / Millennium / David Lichtneker
Druck und Bindung: CPI books GmbH, Leck
Printed in Germany

I

Ort und Zeit

Der Sommelier von Berat

Einen wie Isuf hatte ich noch nicht getroffen, aber ich war vorher auch nie bis Berat gekommen. Wir hatten Durrës in der Früh mit dem Wagen verlassen und waren nach einigen Kilometern an einer neu errichteten, auffallend hässlichen Moschee vorbeigefahren; ihre vier Minarette ragten spitz gegen den grauen Himmel, als hätten sie diesem die Nachricht einzuritzen, dass das Leben hier, im Niemandsland von Straßenkreuzungen und Gewerbezonen, traurig und aussichtslos sei. Hinter Lushnja, das wir nach einer Stunde passierten, wuchsen zwischen den Olivenbäumen Tausende steinerne Maulwurfshügel aus der Erde, Bunker aus massivem Beton, mit denen in der stalinistischen Ära das Land so brachial bestückt wurde, dass es bis heute wie versehrt wirkt. Berat liegt im Landesinneren Albaniens, 160 Kilometer südlich von Tirana, in einem Tal, das der Fluss Osum ins Kalkgebirge geschnitten hat. Als wir uns der Stadt näherten, die mir Freunde als die schönste ganz Albaniens angepriesen hatten, sahen wir hoch über der Stadt die auf einen senkrecht abfallenden Felsen gebaute Festung, um die ein Meer weißer Häuser brandete.

Die Straße zur Festung war mit spiegelglatten Steinen gepflastert, doch all die albanischen Besucher, die einmal die schönste Stadt ihres Landes und deren Festung besichtigen wollten, fuhren nicht bequem im Auto, sondern zogen in der stechenden Sommerhitze wie Pilger den blank polierten Weg hinauf. Ihnen taten wir es gleich, und als wir oben angelangt waren, keuchend und verschwitzt, staunten wir, dass hinter dem Steintor eine eigene Stadt lag, mit winkeligen Gassen, aus Steinen gefügten Häusern und ein paar ausgedehnten, mit verdorrtem Gras bedeckten Wiesen, die sich zwischen dem zerfallenden Mauerwerk der alten Befestigungsanlagen erstreckten.

Bei der einzigen Imbissbude tranken wir flaschenweise Mineralwasser und verzehrten kleine, vor Honig triefende Köstlichkeiten, und als wir dafür so wenig zu zahlen hatten, dass wir dachten, die alte, vom jahrelangen Schmerz ihres Rückens verkrümmte Wirtin habe sich verrechnet, klärte sie uns auf: Die Albaner, sagte sie, die bis nach Berat und hier herauf kamen, waren oft arm und hatten doch das Anrecht, bei ihr Rast einzulegen und sich zu erfrischen, und da sie von ihnen nicht viel Geld verlangen könne, dürfe sie es auch nicht von uns, den Touristen, wo kämen wir sonst hin!

Wir hatten ein bescheidenes Hotel in Mangalem bezogen, dem dicht gedrängten Viertel, das sich an den Felsen der Festung und halb um diesen herum schmiegt. Traten wir aus dem Gewirr der Gassen, in denen man aufpassen musste, auf dem unebenen Boden nicht zu straucheln, fanden wir uns stets vor einer der alten Moscheen und Kirchlein, in denen über die Jahrhunderte die muslimischen und die christlichen Nachbarn gebetet hatten. Im Zweiten Weltkrieg, als nach den Italienern die Sondereinheiten der Wehrmacht die Stadt besetzten, haben sie gemeinsam alle sechshundert Juden von Berat gerettet, indem sie diese in ihre Häuser aufnahmen und als ihre muslimischen oder christlichen Verwandten ausgaben.

Abends gingen wir zum Fluss hinunter, dem eine breite Promenade vorgelagert war, auf der sich ein Café an das nächste reihte und sich die ganze Stadt zum Corso versammelt zu haben schien. Ein paar Jahre später erzählte ich Gonila, einer albanischen Freundin, dass mich das südlich, mediterran, italienisch anmutende Lebensgefühl des abendlichen Berat bezaubert habe, worauf sie mich zurechtwies, dass dieses Lebensgefühl weder mediterran noch italienisch, sondern eben typisch albanisch sei. Wir saßen im Café, beobachteten die wogende Masse der Flanierenden und den Hund, der im Gedränge hinkend hin- und herlief und seine Besitzer nicht fand. Auf der gegenüberliegenden Seite des Osum gingen in der Dämmerung die Lichter von Gorica an, dem anderen Teil des alten Berat, zu dem eine steinerne Brücke mit sieben Bögen hinüberführte.

Es war schon finster, als wir von der großzügigen Promenade in die engen Gassen von Mangalem zurückkehrten und, ohne es gesucht zu haben, ein Gasthaus fanden, von dessen Loggia im ersten Stock das Scheppern von Geschirr und die Stimmen vieler Gäste zu hören waren. Der Kellner wackelte bedauernd mit dem Kopf, wir wären zu spät dran, um noch etwas zu essen zu bekommen, aber der eine Tisch im Eck mit der besten Sicht über die Stadt sei gerade frei geworden, sodass wir Platz nehmen könnten und uns beim Trinken auch nicht beeilen müssten.

Isuf war ein magerer Mann, der bedächtig immer nur ein paar Gläser oder Teller trug und sich dabei mit lässig tänzelnder Eleganz bewegte. Er hatte ein auffällig schmales Gesicht, auf den Seiten militärisch kurz geschorenes Haar – und Segelohren, so groß, dass man vermuten hätte können, er steuere damit seine Bewegungen. Er sprach Deutsch, weil er außer in Istanbul auch in der Schweiz gearbeitet hatte, in verschiedenen Berufen, nicht nur in der Gastronomie. Wir fragten, welchen Wein der Region er uns empfehlen könne und hatten uns damit seine Zuneigung erworben. Er wies nach Osten, wo wir tagsüber einen blauen Gebirgsstock gesehen hatten, den legendären Tomorri, den heiligen Berg der Bektashi, des sufistischen Derwischordens, der eine ekstatische und mystische Frömmigkeit pflegt. Die Bektashi von Berat pilgern zwischen dem 20. und 25. August zum Tomorri, ihrem Olymp, auf dem sie ein symbolisches Grabmal und zwei Schreine aufsuchen, die Abbas ibn Ali gewidmet sind, der im Jahr 680 in Mesopotamien den Märtyrertod starb; die Christen ziehen auf den Berg in einer Prozession fünf Tage vorher, zu Maria Himmelfahrt. Dort oben, sagte Isuf, wachse auf steilen Hängen in tausend Metern Seehöhe eine Traube, die viel Sonnenlicht empfange, aber auch viel Wind abbekomme und deren Geschmack gerade deswegen einzigartig sei.

Er verließ uns und kehrte aus der Küche mit zwei Tellern zurück, auf denen Käse, Oliven, Scheiben von Gurken und gegrillte Melanzani lagen. Dann ging er noch einmal, brachte uns eine Flasche vom roten und eine vom weißen Pulsi i Beratit an den Tisch und geriet ins Psalmodieren über diesen Wein, in dem für ihn Albanien selbst konzentriert war – denn was war Albanien anderes als Stein, Licht, Wind? Und Wein! Er entkorkte die Flaschen, roch an den Korken, schenkte von beiden Flaschen nur wenig in zwei Gläser, die er gegen das Licht der Laterne hielt, und ließ den Wein in den Gläsern kreisen, in die er dann seine lange Nase steckte. Als er den Kopf hob, hatte sein Blick etwas Entrücktes, der Wein war, wie er ihn liebte. Nun erst schenkte er uns ein, erwartungsvoll schaute er zu, wie wir seinen Wein, den Wein Albaniens kosteten. Er selbst, sagte er später, nachdem die meisten Gäste gegangen waren und er eine weitere Flasche vom Roten gebracht, geöffnet, geprüft, ausgeschenkt hatte, er selbst habe in seinem Leben noch keinen einzigen Tropfen Alkohol getrunken. Um den Wein zu beurteilen, genüge es ihm, ihn zu sehen und zu riechen, seine Herkunft und Geschichte zu kennen. Das erzählte uns Isuf, der muslimische Sommelier von Berat.

Eine Kreuzung von Welt

Verlässt man die Altstadt von Salzburg durch das Neutor, sieht man rechts eine Straße abzweigen, die sich entlang des Mönchsbergs mit sachte schwingenden Kurven achthundert Meter stadtauswärts zieht. Dort mündet die einspurige Reichenhaller Straße, die längst nicht mehr nach Bad Reichenhall führt, in eine breite, fast schnurgerade Straße, die nach rund zwei Kilometern die nordwestlichen Viertel der Stadt erreicht. Fast am Beginn dieser Straße, die im ersten Streckenabschnitt Aiglhofstraße und im zweiten Rudolf-Biebl-Straße heißt, ist sie zu finden, jene Kreuzung, die Eiligen und Unachtsamen wenig zu bieten hat und doch die unerkannte Mitte einer Welt ist.

Die Kreuzung hieß damals, als mein Reich der Kindheit hier endete, nach dem auffälligsten Gebäude und dem Betrieb, der sich darin befand, die Bäcker-Bacher-Kreuzung. Auf der einen Seite stand ein großes, von fern an die Bauhaus-Architektur erinnerndes Haus, das über und über mit Efeu bewachsen und eine Art von Märchenschloss war, dem betörende Wohlgerüche entströmten. Für die Schulkinder, die alle Tage hier vorbeizogen, war der Geruch von frischem Gebäck, der aus der Bäckerei nach draußen drang, eine immerwährende Versuchung, der zu widerstehen schwer war, auch wenn es hier regelmäßig beschämende Niederlagen einzustecken galt. Die Salzstangerl, Mohnweckerl, Semmerl kosteten damals 62 Groschen das Stück, und wer die Unverfrorenheit besaß, mit unschuldiger Miene nur die sechzig Groschen auf die Verkaufsbudel zu legen, die er zusammenkratzen konnte, der wurde von der erbosten Frau Bacher mit höhnischen Worten aus dem Geschäft gescheucht, als habe sie in dem schulpflichtigen Knirps schon den ausgewachsenen Betrüger entdeckt.

Die Kreuzung wird von den alteingesessenen Leuten heute noch Bäcker-Bacher-Kreuzung genannt, obwohl es diese Bäckerei seit bald vierzig Jahren nicht mehr gibt. Die Besitzerin, übrigens, fand in den achtziger Jahren des letzten Jahrhunderts ein schreckliches Ende; sie hatte im Alter das Geschäft an einen jungen Meister verpachtet und wurde, als er die enorme Summe, die er monatlich zu entrichten hatte, nicht mehr bezahlen konnte, von diesem in dem nahe gelegenen Altersheim, in dem sie ihren Lebensabend verbrachte, aufgesucht, inständig um Nachlass oder Aufschub angefleht und, als sie beides verweigerte, erstochen. In dem Gebäude, das vor einigen Jahren saniert und von seinem immergrünen, dichten Bewuchs befreit wurde, ist inzwischen ein Fachgeschäft mit Utensilien für die grillende Bevölkerung untergebracht, von dem ich mir nicht vorstellen kann, dass es den Schulkindern von heute als lockendes wie gefährliches Märchenschloss erscheinen mag.

Hätte sie einen Hang zur Eitelkeit, könnte die Bäcker-Bacher-Kreuzung damit renommieren, dass sie nach vier Richtungen vier Welten trennt und vereint. Westlich der Kreuzung liegt die planmäßig angelegte Siedlung, in der ich aufwuchs und meine rasch größer werdenden Kreise zog, die Aiglhofsiedlung, die während des Zweiten Weltkrieges für jene Südtiroler errichtet wurde, die ihre Heimat nach dem Pakt zwischen Mussolini und Hitler, die beide dem Wahn ethnisch homogener Gebiete verfallen waren, verließen und als sogenannte »Optanten« nach Salzburg kamen. Später wurde hier auch das Strandgut aus anderen Regionen des Krieges angespült – Schlesier, Sudetendeutsche, Siebenbürger Sachsen – und mit dem Herrn Kohn, vor dem Krieg und nach dem Krieg Mitglied der Blasmusikkapelle, auch ein Jude, der 1938 ums Leben aus Salzburg hatte flüchten müssen und den es dabei bis nach Shanghai verschlug. Die Aiglhofsiedlung besteht aus einer Anzahl von Höfen, die von einstöckigen Häusern umschlossen sind, und wurde und wird von städtischen Angestellten, von Krankenschwestern und Busfahrern, Magistratsbediensteten, Lehrern, Gewerbetreibenden bewohnt. Es ist eine Welt für sich, die ihre Existenz in gewissem Sinne der unaufhörlichen europäischen Wanderung verdankt; keine proletarische Großfeldsiedlung, sondern eine belebte Wohngegend kleiner Leute, die keine Kleinbürger sein, und zugezogener Akademiker, die nicht unbedingt in gesellschaftlichem Dünkel promoviert haben müssen.

An der gegenüberliegenden Seite, ostwärts der Kreuzung, beginnt der Stadtteil Mülln, der sich über ein paar Gassen zum Hügel hinzieht, an dessen Kuppe mit ihrem weithin sichtbaren Turm die Müllner Kirche thront, von der es weiter hinauf auf den Mönchsberg und hinunter zur Salzach geht. Das Viertel liegt einer geistlichen Herrschaft zu Füßen, zu der außer der Kirche auch die von den Mönchen aus Michaelbeuern betriebene Brauerei und das in jedem Reiseführer erwähnte Augustinerbräu mit seinem großen, mit alten Kastanien bestückten Gastgarten gehört. Obwohl die Müllner Hauptstraße auf ein Nadelöhr des städtischen Verkehrs zuführt, bringt das Viertel selbst es zuwege, noch immer ein wenig verschlafen zu wirken, als befände es sich in einem angenehmen wie glaubensfrommen Dämmer, den Gott sei Dank manchmal eine Horde heimwärts lärmender Schulkinder stört.

Ganz anders ist es, wenn man sich von der Kreuzung der Bäckerei auf der schnurgeraden Straße nach Norden bewegt, in den Stadtteil Lehen, der einer der größten der Stadt und sicher der am dichtesten verbaute ist. Im proletarischen Lehen mit seinen Betonburgen, den alten und neuen, ist das Leben rauer, der Verkehrslärm hört bis spät in die Nacht nicht auf zu rauschen, die Migranten geben sich noch als solche zu erkennen und haben einzelne Straßenzüge in ihren Besitz genommen. Als Jugendlicher kam mir manchmal vor, mein gut aufgeräumter Aiglhof wäre nahe daran, in wohlanständiger Langeweile zu ersterben, und dann zog es mich hinaus zu den Freunden nach Lehen, wo es auf den Plätzen und Gstätten, den innerstädtischen Brachen, weniger gesittet zuging und ich den Eindruck hatte, ich befände mich hier, nur zehn Minuten von zu Hause entfernt, in einer anderen Stadt mit ihrer eigenen alltäglichen Kultur.

Im Süden und Osten der Kreuzung, also dort, wo die Reichenhallerstraße aus der Innenstadt herauszieht, liegt der vierte jener Bezirke, die sich um die wenig spektakuläre Bäcker-Bacher-Kreuzung gruppieren. Früher mutete mich die Riedenburg bürgerlich verschmockt an, hier lebten nicht die städtischen Angestellten, sondern die hohen Beamten, und in den stillen Seitengassen standen nicht bloß neue Reihenhäuser, sondern auch alte Villen. Später, als ich selbst hierherzog, entdeckte ich, dass das alles stimmte, aber auch wieder nicht, denn die Riedenburg ist in Wahrheit ein gemischter Bezirk, mit kleinem Gewerbe, mit Geschäften, die nicht zu den internationalen Handelsketten gehören, mit gutbürgerlichen Bewohnern, die ihrem Viertel mit Achtsamkeit zugetan sind. Die Gefahr, die der Riedenburg droht, sind nicht die wirklichen Hofräte, sondern die in einer Sphäre der virtuellen Geldvermehrung lebenden Yuppies, die manch neues Haus ins alte Viertel setzen lassen, um dort vom Laptop aus Leiharbeiter zu verschieben und als Berater für wer weiß was ihr aufklärungsresistentes Leben zu führen.

In mancher fremden Stadt, die ich besuchte, habe ich weit gehen müssen, um zu finden, was ich in der meinen von einer einzigen unscheinbaren Kreuzung aus erkunden kann: die soziale und kulturelle Vielgestalt des urbanen Lebens.

Třebíč, Stadt ohne Juden

Wer ein tschechischer Surrealist werden wollte, tat gut daran, das Gymnasium von Třebíč zu besuchen. In diese Schule, im 19. Jahrhundert eine Kampfstätte der deutschen und tschechischen Nationalisten, gingen auch die Genies beider Nationen wie Vítězslav Nezval, der um 1930 von den Pariser Surrealisten als Dichter erträumter Wirklichkeiten entdeckt und gefeiert wurde, im Alter aber nicht die französische Metropole, sondern den Ort im mährischen Hügelland als »Stadt der Städte« pries. Ladislav Novák wiederum, der Dichter und Zeichner, der zwei Generationen später den tschechischen Surrealismus repräsentierte, liebte seine Schulstadt, weil sie das Kunststück zuwege brachte, Peripherie und Zentrum zugleich zu sein. »Viele glänzende Möglichkeiten habe ich vertan, / aber die bei weitem beste von allen / ist diese Existenz hier wie inkognito / in Trebitsch in der Metropole Südmährens / Irgendwo am Rande der Milchstraße.«

Als ich in Třebíč eintraf, schien die Stadt gerade wieder zu erproben, ob das Traumgebilde als fester Grund ihrer urbanen Existenz taugte. Am Hauptplatz, der für eine Stadt von 30 000 Einwohnern verblüffend groß angelegt war, fügten sich die Häuser, einige darunter aus der Renaissance, andere keine hundert Jahre alt, zu einer geschlossenen Zeile. Ich suchte den Durchgang, der aus dieser Weite in die gedrängte Welt dahinter führte. Dort schob die Jihlava, ein schmales Flüsschen, träge ihr fast metallisch dunkles Wasser zwischen grünen Böschungen durch die Stadt. Auf ihrer anderen Seite lag das Židovská čtvrt', das Judenviertel, das hier seit dem 14. Jahrhundert zwischen dem Fluss, dem Bergrücken des Hrádek und der mächtigen romanischen Basilika des heiligen Prokop eingekesselt war. Ich ging die zwei Straßen, die parallel zum Fluss und zum Berg führten, hinauf und hinunter, in die 14 verwinkelten Quergässchen hinein und wieder heraus. Alles hier war eng, zusammengedrängt, verschachtelt, und die Struktur des Häuserhaufens erschloss sich kaum, waren viele Gebäude doch geradezu ineinander verkeilt.

Weil die jüdische Gemeinde wuchs, aber das Ghetto selbst wegen seiner Lage nicht wachsen konnte, wurde es über die Generationen immer enger in ihm, jedes Gärtlein musste bebaut, jedes Haus überbaut werden. Viele der 123 Häuser waren erst kürzlich restauriert worden, aber so, dass sie alt erschienen, von anderen bröckelte hingegen der Putz, aber so, dass der Verfall malerisch wirkte. Die Pflasterungen waren neu, die zahllosen Treppen und Stufen uralt, uralt wie das Armenhospital, ein Gebäude mit mehreren, abenteuerlich aufeinandergesetzten Ebenen, dessen einstmals rosarote Fassade wie auftragsgemäß abblätterte. Nur ein paar Schritte weiter war in einem proper hergerichteten Haus ein Souvenirgeschäft untergebracht, in dessen Auslage außer allerlei Tand, der für traditionell jüdisch zu gelten hatte, eine Auswahl an Palästinensertüchern angeboten wurde, so jüdisch ging es hier zu.

In der Pokorného, der Straße, die zur neuen, der so genannten Hinteren Synagoge führte, trat ich in die Vinárna

Ráchel, ein als »koscher« ausgewiesenes Caférestaurant, doch wenn dort irgendwer in Küche und Service wusste, was koscher bedeutete, konnte sich das nur einem echten Třebíčer Mysterium verdanken. In einem grünen Zahnputzbecher bekam ich Kaffee serviert, der abscheulich schmeckte, aber von der Kellnerin mit so bezwingender Fröhlichkeit gereicht wurde, dass ich ihn, um sie nicht zu kränken, indem ich ihn stehen ließ, heimlich in den großen Blumenstock zur linken Seite meines Tisches leerte, worauf sich die Blätter des Gummibaums augenblicklich verfärbten und grau wie die Ohren müder Elefanten herabhingen.

Ein paar hundert Meter von der sonnenlosen Enge des jüdischen Viertels entfernt, erstreckte sich der alte jüdische Friedhof zwischen Bäumen und Gestrüpp einen Hügel hinauf. Hier endlich, am Ort der Toten, war zu ahnen, was das Leben in dieser Stadt, die so schmuck restauriert worden war, dass selbst das Elend von früher putzig wirkte, bedeutet haben mochte. Der älteste der rund dreitausend Grabsteine datierte von 1631, der letzte wurde errichtet, kurz bevor die Wehrmacht das Land überfiel und die Juden in die Vernichtungslager deportiert wurden. Die Juden von Třebíč, das verrieten ihre Namen auf den Grabsteinen, gehörten fast alle der deutschen Volksgruppe an, wenn diese sie denn als ihr zugehörig anerkannt haben würde. In einer Folgerichtigkeit, die sie niemals erahnten, haben die Nationalsozialisten, indem sie das Judentum in Mittel- und Südosteuropa vernichteten, auch die jahrhundertelange Anwesenheit deutscher Volksgruppen in diesen Raum auf immer beendet.

Nah beim Eingang wurden auf einem Denkmal, das den gefallenen Helden gewidmet war, all die Juden aufgeführt, die im Ersten Weltkrieg in der k. u. k. Armee gedient hatten und von denen die meisten schon nach wenigen Tagen ums

Leben kamen. Wie der Leutnant der Reserve Isidor Grünberger, der am 10. September 1914 in Ruma fiel, jener Stadt in Syrmien, aus der einige donauschwäbische Vorfahren von mir stammten, einer Stadt, in der die Wehrmacht, als sie im nächsten Krieg den Balkan eroberte, sogleich die Synagoge plünderte und dann in Schutt und Asche legte; oder Alois Bäck, der bei den Gebirgsjägern auf der Hochebene von Asiago fiel, wo ich vor zehn Jahren die letzten Zimbern besucht hatte; oder Emil Ornstein, dessen Namensvetter in Salzburg ein legendäres Kaufhaus besaßen und eine Villa, auf die ich aus dem Fenster meines Wohnzimmers schauen könnte, wäre sie nicht, 1938 arisiert, seither bis zur Unkenntlichkeit umgebaut worden. Natürlich war es vermessen, an diesem Ort an meine eigene Geschichte zu denken und die Schicksale dieser Menschen auf mich selbst zu beziehen, und doch ist gerade dies eine häufig erneuerte Erfahrung meines Lebens: dass es fast nichts gibt auf der weiten Welt, das sich nicht mit meiner Existenz verbinden ließe, zu dem ich nicht in einer persönlichen Verbindung stünde, die ich nur zu erkennen, nein, aufzudecken hatte.

Es ist der Ruhm von Třebíč, das größte europäische Ensemble eines alten Ghettos so ehrgeizig restauriert zu haben, dass sich über die Häuser, verwinkelten Gassen, die zwei Synagogen ein Freilichtmuseum wölbt, welches die Unesco prompt zum Weltkulturerbe erklärte. Man bewegt sich hier in einer ganz heutigen Welt von vorgestern, deren pittoreske Schönheit sich keinem architektonischen Gestaltungswillen, sondern einzig Zwang und Gewalt verdankt. Das Viertel entstand, weil die katholische Obrigkeit die Juden in ein eigenes Ghetto verwies, und es hat seine einzigartige Gestalt ausgeformt, weil es sich räumlich nicht weiter ausdehnen konnte, aber immer mehr Menschen aufzunehmen hatte. Das alltägliche Leben im übervölkerten Ghetto muss arm, anstrengend, ungesund gewesen sein, darum übersiedelte, wer immer konnte, ab Mitte des 19. Jahrhunderts, als den Juden die staatsbürgerliche Gleichberechtigung gewährt wurde, nach Prag, Brünn, Wien – oder wenigstens in einen anderen Bezirk der Stadt, und wenn er wohlhabend war, gar auf deren berühmten Hauptplatz. 1939 lebten nur mehr 281 Juden in Třebíč, wo sie um 1800 mehr als die Hälfte der Bevölkerung gestellt hatten, sie wurden allesamt in die Vernichtungslager deportiert, in denen nur zehn den Tod, der ihnen zugedacht war, überlebten. Keiner von diesen kehrte zurück nach Třebíč, gestern die mährische Metropole des Surrealismus, heute eine Stadt ohne Juden mit dem schönsten jüdischen Viertel Europas.

Die Wirklichkeit des Albums

Venedig in Schwarzweiß

So viel hatte ich von Venedig schon gesehen und gelesen, dass ich zweifelte, ob es die Stadt wirklich gab. Als ich zum ersten Mal nachschaute, erging es mir nicht anders als den Millionen, denen der Atem stockte, sobald sie den Bahnhof Santa Lucia verlassen hatten. Dabei ist der Bahnhof, wie Thomas Mann im »Tod in Venedig« schrieb, nur der Hintereingang, das Tor, durch das die Dienstboten den Palast betreten, während der standesgemäße Einzug vom Meer her mit dem Schiff zu erfolgen hat. Ist man durch den Hintereingang hereingekommen, findet man alles, wie es tausendfach beschrieben und abgebildet wurde, und sieht zugleich, dass es doch anders ist, als zu erwarten war. Venedig ist eine Stadt aus Papier, zahllos sind die Beschreibungen, Hymnen, Lobreden, die gelehrten Studien und emphatischen Bekenntnisse, die ihr über die Jahrhunderte gewidmet wurden. In den Stoßzeiten des Tourismus kommen täglich zwei oder wohl eher zwanzig Millionen Fotografien hinzu, die am Canal Grande, in den Gassen, auf den Plätzen gemacht werden. Wie sollte es da ein wirkliches Venedig geben? Die Stadt muss doch vollauf damit beschäftigt sein, dem Bild zu entsprechen, das längst ein jeder von ihr hat, und den Worten gerecht zu werden, auf die sie schon tausendfach gebracht wurde. Wer sich Venedig nähert, fürchtet zu Recht, dass es hinter Wörtern verschwunden, von den Bildern zugedeckt, in der Wirklichkeit womöglich nicht mehr aufzufinden ist.

Tatsächlich ertappt sich der Besucher dabei, dass er in der Stadt lauter Bilder entdeckt, die sich ihm bereits eingeprägt haben, noch ehe er hier gewesen wäre, und dass er in Wirklichkeit auf der Suche nach dem Abbild unterwegs ist, das er für jene zu halten gelernt hat. Im Vaporetto drängeln sich die Touristen, um all der Gebäude ansichtig zu werden, die sie von Fotoserien, Büchern und Filmen her kennen, und wenn sie eines davon identifizieren, reißen sie die Kameras in die Höhe, um es endlich auf einem selbstgefertigten Bild festzuhalten. Als ich das zum ersten Mal beobachtete, eingezwängt zwischen einem entkräfteten Spanier, dem die Ehefrau mit einem Klaps auf die Schultern bedeutete, dass er die Kamera mechanisch heben und knipsen sollte, und einem Amerikaner, der auf sein lebensfrohes »Oh« des Erkennens sogleich ein Bild des Wiedererkennens schoss, fragte ich mich, was der Grund für dieses merkwürdige Verhalten war. Warum fotografieren sie just das, was sie schon auf unzähligen Bildern gesehen haben, wieso wurde ihre Aufmerksamkeit gerade vom dem geweckt, was ihnen bekannt war?

Es hängt sicher mit der Unwirklichkeit zusammen, die einen in Venedig umfängt, nicht so sehr, weil dies eine unmögliche Stadt ist, gebaut auf Wasser und Papier, Materialien, aus denen Träume, aber nicht Häuser und Kirchen zu errichten sind, sondern weil Venedig jedem immer schon vertraut ist. Bewegt man sich dann in der Stadt, ist man in einer Erinnerung unterwegs, die nicht auf eigenem Erleben gründet, und das senkt den Zweifel in uns, ob wir nicht statt in eine Stadt in ein Album geraten sind, das fremde Erfahrungen als unsere eigenen Gefühle gebannt hält. Indem wir selber fotografieren, was vor uns schon so viele aufgenommen haben, versuchen wir uns auf paradoxe, hilflose Weise der Realität jener Fiktionen zu versichern, die auf uns übergekommen sind.

Wie oft man auch dort gewesen sein mag, Venedig überrascht einen, sobald man gewahr wird, dass es eine Stadt außerhalb des Albums gibt. Diese Erschütterung verspüren keineswegs nur die Bildungsreisenden, es ist keine elitäre Erfahrung, in der der Connaisseur sich seines Wissens und seiner Kultur erfreute. Auf seine Weise ergeht es jedem so, dem Massentouristen, der zum ersten Mal nach Venedig kommt und von den Trampelpfaden kaum abzuweichen wagt, wie dem Liebhaber, der regelmäßig zurückkehrt und sich über Architektur, Geschichte, Kunst, mitunter sogar über die sozialen Verhältnisse kundig gemacht hat.

Die Verachtung des Massentouristen, nirgends ist sie so naheliegend und zugleich so billig wie in Venedig. Um 1500, als Venedig an seine historische Wende kam und nach Jahrhunderten des Aufstiegs zur Serenissima, der beherrschenden See- und Handelsmacht, unaufhaltsam der Niedergang einsetzte, lebten fast 200 000 Menschen dort, wo heute keine 60 000 Einwohner geblieben sind. Natürlich wird diese Stadt, die ihren eigenen Untergang überlebt hat und heute mit der Schönheit des Verfalls, dem morbiden Glanz identifiziert wird, als hätte es vor dem Verfall keinen Aufstieg, vor dem Niedergang nicht Jahrhunderte imperialer Macht gegeben, vom Massentourismus malträtiert. Täglich schleust sich ein Vielfaches der Einwohnerschaft durch die Gassen und über die Brücken, denen darüber selbst das Seufzen vergangen sein mag. Aber von den Einheimischen, die immer weniger werden, abgesehen, ist hier jeder ein Massentourist, der Kunstsinnige, der die Nase über den aus Jesolo her verfrachteten Badeurlauber rümpft, nicht weniger als dieser. Anders, als dass man sich in den Status des Massentouristen fügte, ist Venedig nicht zu haben, es sei denn, man würde die Stadt schließen und als Museum wieder eröffnen, was freilich eine nicht minder unangenehme Spielart des Fremdenverkehrs, den Museumstourismus, favorisieren und im Übrigen nicht viel ändern würde.

Sosehr Venedig unter dem Ansturm der Massen leidet, fällt es hier doch nicht besonders schwer, diesen auszuweichen und sich vor jenem zu schützen. Wie viele Tagesurlauber sich auch einfinden, sind es doch stets gezählte Schritte, die genügen, dass man aus dem Gedränge hinausfindet und unvermittelt in eine unbegreifliche Stille gerät. Es ist eine besondere Stille, die mitten in der Stadt über Inseln der Verlassenheit gebreitet liegt. Natürlich hat das damit zu tun, dass Venedig hörbar die Autos fehlen, aber mehr als der fehlende Verkehrslärm macht dieser Wechsel von Enge und Weite, von Dichte und Leere die venezianische Stille aus. Geleitet von Wegweisern und angetrieben von ihrer Unsicherheit, ziehen die Scharen erschöpft ihre Bahn, ohne innezuhalten und vom vorgezeichneten Weg auszuscheren. Nur zwei Gassen weiter würden sie sich in der Ruhe eines Campos wiederfinden, der wie durch eine besondere Magie dazu bestimmt scheint, von den Touristen niemals entdeckt zu werden.

Vor ein paar Jahren wohnte ich in Venedig eine Zeitlang in einer finsteren, gerade nur einen Meter breiten Callesella, einem Gässchen im Stadtteil San Polo. Die Route, auf der Abertausende täglich von Rialto zum Campo San Polo geführt werden, war nicht fern, doch in mein Gässchen verirrten sich nur jede halbe Stunde ein paar versprengte Touristen. Am Campiello del Sol, auf den drei Fenster der Wohnung schauten, gab es am oberen Ende eine Osteria, in der fast nur Einheimische saßen, Leute, die von den umliegenden Häusern dem Kellner mitunter zuriefen, dass er ihnen den Tisch an der Hauswand decken solle, weil sie jetzt hinunterkämen. Am anderen Ende war in einer aufgelassenen Werkstatt eine Abendschule eingerichtet worden, in der sich die neuen Venezianer aus Afrika, zehn, zwölf Erwachsene, die auf alten Schulbänken Platz genommen hatten, konzentriert bemühten, die Gleichungen zu verstehen, die ein magerer Professor an der Tafel mit dem Zeigestab erklärte. An einem der ersten Tage war ich in den Trampelpfad eingebogen und über den Campo San Polo, den prächtigen Campo dei Frari und den kleinen, mich immer bezaubernden Campo San Tomà zum langgestreckten Campo Santa Margherita gegangen. Dort waren die Venezianer gegenüber den Touristen zu dieser Stunde bereits in der Überzahl, und ein wenig später am frühen Abend wurde das Leben laut und bewegt, aus den umliegenden Häusern strömten die Leute auf ihren Platz, um zusammenzustehen, sich der spielenden Kinder zu erfreuen und zuzuschauen, wie die Zeit verging.

Denke ich heute an diesen Abend, fallen mir seltsamerweise die venezianischen Fotografien Inge Moraths ein, die sie Jahrzehnte früher aufgenommen hat und die ich damals noch gar nicht kannte. Den farbenprächtigen Ort, an dem ich dem wahren Leben dieser Stadt zu begegnen meinte, verbindet mein Gedächtnis ausgerechnet mit einer Serie von Schwarzweiß-Bildern. Diese Aufnahmen fügen sich natürlich, wie alle Abbildungen, in das große, täglich wachsende

Album, zu dem Venedig geworden ist, sie besitzen aber auch die künstlerische Kraft, mich an die Wirklichkeit selbst zu erinnern, die man in Venedig stetig zu vergessen droht. An jenem Abend am Campo Santa Margherita waren sie alle da, die auf Moraths Bildern zu sehen sind, die Kinder, die in den fünfziger Jahren Dreirad fuhren und jetzt auf ihre Enkel schauten, die ihre ersten Versuche mit dem Fahrrad oder Inlineskates unternahmen, die schwangeren Frauen, die im Jahrzehnt nach dem Krieg mit karger Eleganz gekleidet waren und ein halbes Jahrhundert später als adrette Großmütter auf dem Platz promenierten, die muskulösen Arbeiter im Unterhemd, die schwere Lasten trugen und jetzt als ausgemergelte Greise, die Hose über den zusammengesackten Bauch fast bis zur Brust hochgezogen, auf der Bank saßen und sich darüber unterhielten, dass früher alles viel schwerer und viel leichter gewesen ist.

Geht man vom Campo Santa Margherita, diesem belebten Platz, den sich die Einheimischen mit den Touristen teilen, zur Fondamenta del Soccorso, einem Kai, der den Rio dei Carmini entlangführt, erstirbt nach und nach das geschäftige Treiben. Nach vielleicht zweihundert Metern muss nach links abbiegen, wer zum Campo San Sebastiano gelangen will, der seinen Namen einer unansehnlichen Kirche verdankt. Dort erfuhr ich, wie es ist, mitten in Venedig einen großen Platz für sich allein zu haben. Wohl eine Viertelstunde lang querte ihn niemand, dann trat eine alte Frau aus einer mit einem bunten Plastikvorhang verhängten Tür und wischte mit einem Fetzen den wackeligen Holztisch ab, in dem ich erst jetzt das Möbel eines Wirtshauses erkannte. Als ich hinüberschlenderte, forderte sie mich mit einem Wink auf, Platz zu nehmen, brachte mir ein Glas Wein und meinte, dass heute – es war ein Freitag Anfang Juni – wohl mit keinem Gast mehr zu rechnen sei. Von vorsichtiger, behäbiger Freundlichkeit, mit einer Schürze angetan, die schon meine Großmutter getragen haben könnte, wirkte sie wie die Bewohnerin eines Dorfes, die sich wundert, dass ein Fremder in ihrer Gegend aufgetaucht ist, und der nun ihr Stolz verbietet, sich allzu direkt nach Herkommen und Absichten des Unbekannten zu erkundigen.

Ein Jahr später habe ich diese Frau noch einmal gesehen, als mir die venezianischen Fotografien der Inge Morath vorgelegt wurden, damit ich einen Begleittext zu ihrem Bildband verfasse. Die alte Frau war auch auf dem Bild, das vor einem halben Jahrhundert aufgenommen wurde, schon an die 75 Jahre alt gewesen, und wenn es in Venedig und auf Inge Moraths Bildern mit rechten Dingen zuginge, dann müsste sie mittlerweile 125 geworden sein, ein Alter, das ihr nie und nimmer anzusehen war.

Die ausfotografierte Öffentlichkeit

Vom Gaffen

Vor einigen Wochen ereignete sich in Wien ein Verkehrsunfall, den die Medien als »besonders tragisch« bezeichneten. Eine hochschwangere Frau mit ihrem zweijährigen Kind auf dem Arm war unachtsam auf die Straße getreten, als dort gerade die Straßenbahn vorbeidonnerte. Der Wagen schleuderte sie zu Boden, riss sie mit sich und kam erst nach vielen Metern zu stehen. Dem rasch eingetroffenen Rettungswagen musste der Weg durch einen Pulk von Schaulustigen gebahnt werden, der sich rasch formiert hatte. Dann standen die Notärzte und Sanitäter vor der Aufgabe, drei Menschenleben zu retten: Schwerverletzt auch er, hat am Ende nur der kleine Bub überlebt.

Während das Rettungsteam sich um die Frau kümmerte, die kurz vor der Entbindung stand, schwoll die Menge auf rund 250 Besitzer von Mobiltelefonen an. Und unter diesen wuchs das drängende Bedürfnis, diese als Kameras zu benützen, sodass die ersten Mutigen die symbolische Absperrung der Polizei überwanden. Etliche Männer schoben die Polizisten, die dafür zu sorgen hatten, dass die Ärzte ungestört arbeiten konnten, beiseite, um einen interessierten

Blick auf die Sterbende zu werfen und von ihr ein Bild aus nächster Nähe zu machen. Mehrfach dazu aufgefordert, weigerten sie sich doch, den privilegierten Platz, den sie sich erkämpft hatten, freiwillig zu räumen. Im Gegenteil, jäh schoss der Unmut in ihnen hoch, dass auf ihre Interessen so wenig Rücksicht genommen werde. Während der medizinische Trupp verzweifelt versuchte, die Mutter am Leben zu halten, entspann sich ein paar Meter entfernt ein lauter Streit, in dem die Zuschauer die Moral auf ihrer Seite wähnten und erregt behaupteten, für Freiheit und Demokratie einzustehen: »Wir sind hier nicht in der Türkei! Bei uns gibt es keine Zensur.« Und: »Es ist mein Recht, mich zu informieren, wo ich will.«

Die Frau starb im Krankenhaus, ihr Ungeborenes konnte auch durch einen Kaiserschnitt nicht mehr gerettet werden. Die Stimmung am Unfallort war aber aus einem anderen Grunde schlecht: Die Obrigkeit hatte den Leuten, die für kurze Frist alle Zwietracht vergaßen und sich wieder zum einigen Volk verbündeten, jenen Status verweigert, den sie begehrten: Zuschauer zu sein, die einen freien Blick auf das Geschehen haben, mehr noch, die sich die staatsbürgerliche Freiheit nehmen, alles, was sie sehen, auch mit ihren Smartphones aufzunehmen und mittels Klick digital zu verbreiten. Was immer ihnen politisch zugemutet und sozial über sie verhängt wird, nur höchst selten empören sie sich dagegen. Aber wer sie im digitalen Vollzug ihrer Existenz einschränkt und ihnen das Recht streitig macht, vom zuschauenden zum fotografierenden Gaffer zu werden, der wird sich wundern, wie viel unberechenbare Revolte in befriedeten Menschen steckt.

Keine Sorge, ehe dieser Kommentar zum Lamento gerät, das wie von selbst kulturpessimistisch dahinsurrt, schalte ich einen Gang zurück. Die Schaulust ist keine neue Erscheinung, die vom akuten Verfall der Kultur zeugt, sondern eine anthropologische Konstante, die in der Geschichte der Menschheit immer ihre Rolle gespielt hat. In der Antike wurden Stadien für Zehntausende gebaut, die gut gelaunt beobachteten, wie Menschen von wilden Tieren zerrissen wurden; manchenorts wurde dem Publikum sogar zugebilligt, durch Bekundungen von Gefallen oder Missfallen plebiszitär über Leben und Tod der Gladiatoren zu entscheiden. In der frühen Neuzeit machten sich die Leue von weit her auf den beschwerlichen Weg, wenn in der Kreisstadt eine Hexe verbrannt wurde oder der Henker mit dem Richtschwert ein Todesurteil vollstreckte. Immer wurden die Zuschauer durch das grausame Spektakel, das ihnen geboten wurde und dem sie als faszinierte Zeugen folgten, zum Verbündeten der Herrschaft, die ihnen zugleich drastisch vor Augen führte, was auch mit ihnen geschehen könnte.

In neuerer Zeit wiederum ist die Anziehungskraft von Unfällen so groß, dass sich ein Katastrophentourismus entwickelt hat, der die Leute verlockt, just dorthin zu fahren, wo gerade Häuser oder Brücken zusammengestürzt sind, Autos zertrümmert, Menschen getötet wurden. Kaum ein Tag vergeht, an dem die Zeitungen nicht davon berichten würden, dass irgendwo die Gaffer eifrig wie selbstbewusst die Bergungs- und Rettungsarbeiten behinderten und dabei offenbar von dem Verlangen getrieben wurden, ihre Anwesenheit am Ort des Schreckens zu dokumentieren und Bilder von diesem zu versenden. Das bringt den Zuschauer, der früher von der Obrigkeit gerufen wurde, dem letalen Schauspiel beizuwohnen, heute mit dieser in Konflikt. Früher war seine Anwesenheit erwünscht, weil er als Zuschauer zum Untertan erzogen wurde, heute stört er, denn die Obrigkeit will nicht mehr töten, sondern Leben retten. Aber auch der Untertan, nicht nur die Obrigkeit hat sich in demokratischen Zeiten verändert. Der Untertan mag keiner mehr sein und sich nicht länger damit abfinden, in seinem schaurigen Vergnügen eingeschränkt, als Teil der Meute abgewiesen zu werden. Und da er, anders als die Schaulustigen von früher, technologisch hochgerüstet und mit aller Welt verbunden ist, will und kann er seine Neugier wie seine Empörung in Echtzeit mit vielen teilen.

Wir lesen von den Gaffern und sind empört, angewidert, ratlos. Der Gaffer ist immer der andere, wir selbst sind allenfalls als Zuseher des Fernsehens am weltweiten Überschuss von Katastrophen beteiligt. Und natürlich käme kein Konsument des medial verbreiteten Grauens auf die Idee, den Fernseher zu fotografieren, wenn dieser gerade besonders grauenvolle Bilder zeigt, und sich so nach und nach ein Album der schrecklichsten Fernsehbilder anzulegen.

Was tun? Es wird berichtet, dass selbst aggressive Gaffer das Fotografieren sofort einstellen, wenn sie selbst dabei fotografiert werden, also von Fotografierenden zu Fotografierten werden. Nimmt man noch die Videokameras dazu, mit denen der öffentliche Raum immer dichter bestückt wird, ergibt das ein merkwürdiges Phänomen: In der vollkommen ausfotografierten Gesellschaft haben wir es mit Schaulustigen zu tun, die dabei fotografiert werden, wie sie selbst fotografieren, ein Vorgang, der so konfliktträchtig ist, dass er sicherheitshalber von Videokameras dokumentiert wird.

Demut, lauthals

Die Finanzkrise hatte ihren Wendepunkt erreicht, ab dem die Verluste für manche schon wieder zum Riesengeschäft wurden, da ließ einer der wichtigsten Männer von Goldman Sachs verlauten, seiner ganzen Branche stehe es gut an, sich in »kollektiver Demut« zu üben. Mittlerweile können selbst die Verantwortlichen der Deutschen Bank nicht anders, als ihm demütig Recht zu geben und sich bei den Boni für ihre Investmentbanker auf eine lumpige Milliarde zu bescheiden. Als kürzlich in Österreich ein Landeshauptmann in den Ruhestand trat, der seine Ziele abwechselnd als leutseliger Landesvater und rücksichtsloser Machtpolitiker verfolgte, verabschiedete er sich gerührt mit den Worten, dass er mit »großer Demut« auf seine Regentschaft zurückblicke. Seine Nachfolgerin beeilte sich kundzutun, dass sie ihr Amt schon mit dem Gefühl antrete, das ihn erst überkam, als er es verließ, nämlich mit »Demut«, was sonst.

Der heilige Augustinus hat sie als »Mutter aller Tugenden« gepriesen, und nirgendwo gibt es heute ein solches Gedrängel an Tugendhaften wie unter den Mächtigen. Wo immer ein Triumph gefeiert wird, ist die Demut dabei, sie schubst den Jubel zur Seite, drängt sich vor die Kamera und schlägt sich stolz auf die Büßerbrust. Einst hatte die Demut eine religiöse Haltung gemeint, die den Frommen auszeichnet, der sich klein macht vor der Größe, unermesslichen Güte und Kraft Gottes; in beeindruckender Symbolik ist das noch in der »Prostratio« zu erleben, in jenem dramatischen Moment, wenn angehende Priester sich auf den steinernen Kirchenboden werfen, demütig hingebreitet vor Gott, in dessen Hände sie ihre Existenz legen. Längst aber will auch die Demut kein kleines Licht mehr sein, vielmehr beansprucht sie maximale Aufmerksamkeit für ihre wahre Größe. »Ich nehme die Verantwortung mit großer Demut an«, so hat sich Sebastian Kurz nach seinem Wahlsieg an die Nation gewandt, und er ist wahrlich nicht der Einzige, der für sich eine gewisse Größe an Demut, eine Art von monumentaler Bescheidenheit beansprucht.

Und er ist auch nicht der Einzige, dem die Verantwortung und die Demut als rhetorisches Geschwisterpaar über die Lippen zu kommen pflegt. Es ist schon einige Zeit her, es war im Latzhosenjahrzehnt des letzten Jahrhunderts, da hat sich kaum eine Trauer mehr ohne Wut unter die Leute gewagt; so oft wurde auf Demonstrationen und bei Diskussionen das eine zugleich mit dem anderen ausgerufen, dass am Ende von beidem nur mehr die schäbige Sprachhülse übrigblieb. Nun haben es also die Verantwortung und die Demut so weit gebracht, dass sie ohne einander nicht länger auskommen, und weil die Verantwortung groß ist, muss es auch die Demut sein, mit der man sich diese schultert.

Was empfinden Fußballweltmeister und Sieger eines Weltcuprennens? Freude, Genugtuung, reines Glück oder gar so etwas Charakterloses wie ein Gefühl des Triumphes? Mitnichten. Wer weltmeisterlich sein möchte, gleich in welcher Disziplin, hat auch ein Weltmeister der Demut zu sein. Das bläht und plustert sich auf, bis man sich nach Menschen zu sehnen beginnt, die sich noch ganz ohne routinierte Gebärden der Devotion zu freuen wagen. Doch besser hält man sich damit in der Öffentlichkeit zurück, könnte es einem doch als kaltherzig, arrogant, überheblich ausgelegt werden.

Bei so viel lauthals proklamierter Demut unter den Mächtigen, die gleichwohl ihre Positionen, Privilegien, Boni mit Zähnen und Klauen verteidigen, ist zu vermuten, dass die Bescheidenheit mittlerweile als strategische Waffe eingesetzt wird. Wer sich bescheiden gibt, von dem lässt man sich lieber beherrschen. Wo Regierungen den Sozialstaat nach und nach einkassieren, dort haben deren Repräsentanten glaubhaft zu bekunden, dass sie schwer an ihrer Verantwortung tragen, das Geld, das sie den einen geben möchten, leider bei den anderen einsparen zu müssen.

In einem Internetblog, der den Titel »Karrierebibel« trägt und sich herrlich schamlos zu seinem Ziel bekennt, Karrieristen all die Tricks zu lehren, die man auf dem Weg nach oben beherrschen muss, wird die Demut denn auch als »enorm unterschätztes Machtmittel« gewürdigt. Als Kulturtechnik kann man solch zweckdienliche Demut natürlich erlernen, und gerade jene sollten sich darum bemühen, die mit der alten katholischen Demut nichts am Hut haben und eines ganz sicher nicht möchten: klein bleiben und sich ergeben in das Schicksal fügen. Mit »humilité« hat Emmanuel Macron die Macht in Frankreich wie im Sturm erobert, und mit »humility« wollte Theresa May den Tories die ihre in England erhalten. Es ist ein rechter Wettkampf darum im Gange, wer als Marktschreier seiner Bescheidenheit den anderen zu überbieten und aus dem Feld zu schlagen weiß.

Die List der Dialektik hat bewirkt, dass dem erbärmlichen Schauspiel diesseits wie jenseits des Atlantiks ein erbarmungsloser Gegenspieler erwachsen ist. Dessen Aufgabe ist es, die verlogene Inszenierung als Rabauke zu stören, der sich brachial zu seinem Egoismus, seiner Selbstherrlichkeit, seinem ungehobelten Charakter bekennt. Zwischen all denen, die sich als getreue Diener des Staatswesens oder als Spekulanten zum Wohle der Gemeinschaft ausgeben, stürmt er auf die Bühne, stampft herrisch auf und prahlt damit, dass es auch ganz ohne Demut geht. Sein Verstoß gegen die guten Sitten und die zivilisatorischen Normen ist eine reaktionäre und gefährliche Revolte, deren Pesthauch aber erkennen lässt, wie sehr wir uns an den einschläfernden Weihrauch gewöhnt haben. Es ist durchaus die Erinnerung wert, dass man in der Regel nicht Milliardär wird, weil man sich jahrzehntelang in Demut übt, sondern weil einem der eigene schlechte Ruf etwas wert ist. Natürlich nur in der Regel, hier soll keine Hetze gegen die Reichen betrieben werden, vor der mein österreichischer Bundeskanzler im deutschen Fernsehen gewarnt hat. Danach fuhr er heim und beschloss mit seinem Koalitionspartner, den Langzeitarbeitslosen in aller Demut, die er gelobt und ihnen abverlangt, die Unterstützung zu kürzen.

Vom Verschwinden
des Konkurrenten

Manchmal sehne ich mich nach den barbarischen Zeiten, als Konkurrenten noch Konkurrenten hießen. Wer etwa ein Geschäft für Trachtenmoden besaß, betrachtete damals den Besitzer des zweiten Ladens in seinem Viertel, der sich auf traditionelle Bekleidung und regionales Bewusstsein spezialisiert hatte, als seinen Konkurrenten; und er war sogar unverfroren genug, ihn auch so zu bezeichnen.

Doch wie hart und erfolgreich sie auch um Posten und Profite kämpften, eines Tages begannen die Konkurrenten zu verschwinden. Sie, deren Domäne die Rücksichtslosigkeit war, unterlagen ausgerechnet einem Gegner, der ihnen in nichts außer an Sanftmut überlegen war: dem Mitbewerber. Es ging zwar weiterhin um beruflichen Aufstieg und ökonomischen Erfolg, doch aus dem Konkurrenten, gegen den man sich zu behaupten hatte, war jetzt der amikale Mitbewerber geworden.

Wie es schon so ist mit dem gesellschaftlichen Fortschritt, wird auch der Mitbewerber nicht ewig unangefochten bleiben. Gefahr droht ihm von einem sympathischen Sozialcharakter, von dem ich kürzlich bei einem Vortrag der Industriellenvereinigung erfuhr und zunächst gar nicht verstand, was sein Metier sei. Es handelt sich um den Marktbegleiter, und sein Metier ist natürlich – die Konkurrenz. Nur, wo früher der Konkurrent meines Trachtenmodenhändlers egoistisch nichts als seinen Vorteil im Auge hatte und später der Mitbewerber höflich auf seine eigenen Geschäftsinteressen hinwies, hat jetzt der fürsorgliche Marktbegleiter seinen rundum sozialen Auftritt. Was er tut? Nun, die anderen Marktbegleiter ausstechen, niederringen und nach Möglichkeit ihre Marktanteile selber übernehmen. Konkurrenten, Mitbewerber, Marktbegleiter haben denselben Job, in dem sie auf die nämliche Weise reüssieren; ja, sie sind sogar ein- und dieselbe Person, aber die Sprachpolitik hat dieser zu drei verschiedenen Namen verholfen.

Es gibt eine politische Sprachverzärtelung, für die gilt: je rauer die Sitten, umso kuscheliger die Sprache. Da setzen sich Sprachregelungen durch, die der Realität keineswegs entsprechen. Denn der Wettkampf wird deswegen ja nicht humanisiert, nur weil sich in ihm keine Konkurrenten, sondern Marktbegleiter gegenüberstehen. Die gemütvolle Sprache deckt zu, was an Unbarmherzigem nicht wahrgenommen werden und uns jedenfalls nicht mehr empören soll.

In Österreich hat es in den vergangenen vierzig Jahren geschätzte vierzig Schulreformen gegeben, von denen keine einzige den Schülern mehr Freude am Lernen gebracht und die Lehrer von der überflüssigen bürokratischen Arbeit entlastet hätte. Natürlich hat auch die neue Regierung ein eigenes Konzept vorgelegt, das die Schüler übrigens von der Ein- bis zur Ausschulung einer permanenten Leistungsüberprüfung aussetzen wird. Wer später vielleicht studieren möchte, muss aufpassen, dass er nicht schon als Achtjähriger den Zug verpasst. Was haben unsere Kleinen zu bestehen, damit sie es als Große einmal weit bringen mögen? Prüfungen?

Nein, das klingt doch abscheulich nach den autoritären Sitten von gestern. Serientests? Erinnert an Drill und Dressur. Die sprachliche Schöpfung aus der Zauberwerkstatt des Bildungsministeriums lautet vielmehr »Potenzialmessung«. Ein Potenzial hat schließlich jeder, und sei es, dass es dem Potenzial von Kindern aus sogenannten bildungsfernen Schichten entspricht, eher keine Führungskräfte zu werden. Ehe es nach der Volksschule ab ins Gymnasium und hinein in die Nachhilfeinstitute geht, will das Ministerium das Potenzial aller Schüler des Landes vermessen haben. Und wer das falsche hat, dem wird eben der Weg in jene höheren Schulen verwehrt, die schon seine Eltern nicht besucht haben. Das hat aber weder mit sozialer Auslese noch mit einem überkommenen Notensystem zu tun, sondern mit etwas ganz Unverdächtigem: dem Potenzial.

Die verharmlosende Sprache der Politik ist in den letzten Jahren vielfach kritisiert worden; der Publizist Reinhard Schlüter hat ein Wörterbuch des »Schönsprech« verfasst, der Philosoph Robert Pfaller in seinem Traktat über die »Erwachsenensprache« beklagt, dass eben diese aus der politischen Sphäre verschwindet. Tatsächlich wird der politische Diskurs von einer Sprache falscher Empfindsamkeit geprägt, welche sich an ein für infantil gehaltenes Publikum wendet und auf dessen Bereitschaft abzielt, sich fortwährend von irgendwas und irgendwem gekränkt zu fühlen. Die rhetorische Verhübschung der Begriffe möchte aber nicht die soziale und politische Realität verändern, sondern einzig deren Wahrnehmung. Es geht dabei also keineswegs um jene sprachliche Abrüstung, die neuerdings von vielen gefordert wird, sondern im Gegenteil darum, dass wir uns die schlechten Dinge schönreden lassen, bis wir uns an sie gewöhnt haben.

Die vorgeblich achtsame Sprache der Zwangsharmonie hat auch den Nachteil, dass sie ihrem Widerpart den Boden bereitet: jener populistischen Rede, die vorsätzlich gegen Konvention und Regeln verstößt und es darauf abgesehen hat, zu beleidigen, zu verdächtigen, verächtlich zu machen. Wo die offizielle Rede die Dinge schönredet und instinktiv als verlogen wahrgenommen wird, dort gilt der sprachliche Grobianismus als rebellischer Akt. Aber beide gehören zusammen, die Verharmlosung und der Grobianismus.

Zwischen den sprachlichen Proponenten des einen wie des anderen gibt es mitunter sogar eine disziplinierte Arbeitsteilung. In der österreichischen Regierung ist die konservative Partei für die sprachliche Schönfärberei zuständig, denn was immer sie an gesellschaftlich umstrittenen Plänen durchsetzen möchte, wird von ihr in konsequenter rhetorischer Verhübschung verfochten. Ihr freiheitlicher Koalitionspartner ist hingegen dafür zuständig, im politischen Alltag fortwährend gegen das Gebot der sprachlichen Mäßigung zu verstoßen und immer neu die Grenzen auszuloten, wie weit man in der grobianischen Rede bis zur Verhetzung gehen kann. Es ist keine alarmistische Übertreibung zu sagen, dass heute Minister im Hohen Haus Dinge aussprechen, die früher Krakeeler am Stammtisch erst im Zustand alkoholbedingter Enthemmung zu formulieren wagten. Sich darüber zu entrüsten, ist leicht, überfällig aber wäre es zu erkennen, wie Schönfärberei und Regelverstoß zusammenwirken.

Der Turmbau zu Babel

Über den Reichtum
an Sprachen

Im Alten Testament wird erzählt, dass die Bewohner von Babylon in ihrer Hoffart darangingen, einen Turm zu bauen, höher und höher, bis seine Spitze schon fast in den Himmel reichte. Dort aber saß Gott und betrachtete das Streben der Menschen, ihm zu nahe zu kommen, mit Missgunst: »Und das ist erst der Anfang ihres Tuns. Jetzt wird ihnen nichts mehr unerreichbar sein, was sie sich auch vornehmen.« (Genesis 11, 1–9) Damit sie sich nicht endlich gar vermessen, gottgleich zu werden, beschloss er, sie zu strafen. Bisher hatten sie ein einziges Volk gebildet, das sich seit je in der einen gemeinsamen Sprache unterhielt. Doch jetzt stieg Gott hinab zu den Menschen, die sich allzu Kühnes vorgenommen hatten, und sorgte dafür, dass sich ihnen die Sprache verwirrte und niemand mehr seinen Nächsten verstand. Da wurden sie einander fremd, zerstreuten sich über die Erde, und so entstanden die zahllosen Sprachen, Stämme, Völker und mit diesen die schier immerwährenden Kriege.

Im Gleichnis vom Turmbau zu Babel wird die Tatsache, dass die aufsässigen Kinder Gottes in verschiedenen Sprachfamilien groß werden müssen, als Fluch, als Strafe beschrieben, und für viele ist es bis heute dabei geblieben: Dass wir nicht alle in derselben Muttersprache aufwachsen, empfinden sie als enormen Schaden. Freilich gibt es keine frommen Bußprediger mehr, die in der Vielzahl an Sprachen noch das Werk des erbosten, strafenden Gottes erblicken würden. Nacheinander waren es vielmehr die Machtpolitiker und Philosophen des antiken Rom, die spanischen Konquistadoren, die Denker der Aufklärung, die französischen Jakobiner, die pazifistischen Schwärmer künstlicher Sprachen, die es für ihre Aufgabe hielten, die Welt durch Gewalt oder Erziehung sprachlich wieder zur Einheit zu führen. Sie alle wollten, aus unterschiedlichen Gründen, den Zerfall der einen Menschheit in die zahllosen Muttersprachen der Menschen wieder aufheben, durch Gewalt oder Erziehung rückgängig machen. Der Gründe, warum sie davon träumten, die Menschheit neuerlich in einer einzigen zusammenzuführen, gab und gibt es viele. Die einen wollten ihren Machtbereich auch sprachpolitisch erweitern und absichern, die anderen Demokratie und Gleichheit unter den Menschen verbreiten, und die Esperantisten hofften, die Menschen würden sich nie mehr in Kriege hetzen lassen, wenn sie sich erst in einer erfundenen, aus Bausteinen verschiedener Sprachen zusammengesetzten Gemeinsprache verständigen könnten.

Die französischen Revolutionäre waren überzeugt, dass der Nationalstaat die natürliche Fassung der Demokratie wäre, und diesen Staat stellten sie sich als vernünftig und einheitlich strukturiertes Gebilde vor, mit verbindlichen Normen und Gesetzen – und mit der einen Sprache der einigen Nation. Darum bekämpften sie geradezu wütend den feudalen Wildwuchs der alten europäischen Sprachen, vor allem das Bretonische im Norden und das Okzitanische, die Sprache der Troubadoure des Mittelalters, im Süden. Sie fürchteten, in einem Land, in dem nicht alle Menschen dieselbe Sprache sprächen, würde sich zwischen ihnen auch nicht jene Gleichheit, Freiheit, Brüderlichkeit herstellen lassen, die sie doch gerade mit gelehrten Büchern und scharfen Guillotinen zu verwirklichen versuchten.

Heute ist es natürlich nicht das Französische, das noch die Macht besitzt, zur Weltsprache des Fortschritts, der globalen Kommunikation zu werden, sondern das Englische. Es sind nicht mehr römische Imperatoren, aber auch nicht die Aufklärer, die daran arbeiten, die Welt ein-sprachig, mono-lingual zu machen, sondern die Strategen der Wirtschaft. Längst hat sich in den transnational agierenden Konzernen das Englische durchgesetzt. Gleich woher die Manager kommen, sie planen, verhandeln, verordnen nach innen wie außen auf Englisch. In ihren Fabriken mögen sich die ungelernten Arbeiter aller Kontinente noch ein paar Generationen lang in ihren schauderhaften Dialekten unterhalten, aber schon unterhalb der mittleren Führungsebene ist überwindbar die Sprachgrenze gezogen, jenseits derer das Englische regiert.

Den Haudegen der globalen Ökonomie arbeiten weltweit die Wissenschaften zu. Es hat damit angefangen, dass sich die Naturwissenschaftler vor die Zwangsalternative gestellt sahen, mit ihren Forschungsarbeiten entweder auf die akademische Gemeinde ihres eigenen Sprachraums verwiesen zu bleiben oder sich der allgemeinen Wissenschaftssprache Englisch zu befleißigen. Das klingt auch vernünftig, denn natürlich erleichtert es den notwendigen Austausch der Forscherinnen und Forscher, wenn sie sich auf eine gemeinsame Sprache beziehen können. Inzwischen hat sich der akademische Zwang zum Englischen aber auch in vielen Geisteswissenschaften durchgesetzt, ja selbst auf literaturwissenschaftlichen Instituten werden Studien über die Sprachkunst bulgarischer Lyriker, österreichischer Erzählerinnen, isländischer Saga-Dichter paradoxerweise immer öfter gleich auf Englisch verfertigt. Vor einigen Jahren hallte die Klage dänischer Kinderbuchautoren durch das literarische Europa, dass dänische Eltern mit ihren lieben Kleinen abends mehrheitlich keine Kinderbücher in dänischer, sondern englischer Sprache lesen würden, damit sich die hoffnungsvollen Sprösslinge dereinst in der globalisierten Welt leichter zurechtfinden mögen.

Die Entwicklungspsychologie lehrt zwar, dass die Muttersprache jener sprachliche Raum ist, in dem die Kinder zu Sicherheit, Selbstbewusstsein und Weltwahrnehmung gelangen, ja selbst die Fähigkeit erwerben, später mehrere Sprachen zu erlernen. Aber sind Sicherheit und Selbstbewusstsein Eigenschaften, die sich ökonomisch rechnen? Geht es nicht vielmehr darum, auf allen Ebenen des Wirtschaftens fungible Arbeitskräfte zu schaffen, die sich leicht von hier nach dort verpflanzen lassen und nicht in einer besonderen Region, Kultur, Sprache zuhause sind, sondern in einer Firma? Auf dem Weg zum überall einsetzbaren, gedächtnislos diensteifrigen Menschen stellen die Muttersprachen ein gravierendes Hindernis dar. Darum wird neuerdings sogar dem Begriff selbst der politische Prozess gemacht, und natürlich sind es, wie so oft in der Geschichte, humanistische Phrasen, die einer gar nicht humanen Entwicklung den Weg bereiten. Die alte »Muttersprache«, in der vorgeblich ein überkommenes Bild von der Frau als Mutter west, ist drauf und dran, linguistisch durch die sogenannte »Erstsprache« ersetzt zu werden, in deren Klangraum freilich keine jener Eigenschaften wächst, die den Menschen widerstandsfähig, selbstbewusst machen.

Der linguistische Oberpriester, der die sprachliche Verarmung als gesellschaftliche Bereicherung anpreist, ist der belgische Ökonom und Philosoph Philippe Van Parijs, der mit stupender Gelehrsamkeit eine Zukunft herberuft, in der sich das Englische aus keinem minderen Grund als dem der Gerechtigkeit auf allen Kontinenten durchgesetzt haben wird. Eine Unzahl an Sprachen, allesamt zu Dialekten abgesunken, wird dann gebieterisch vom einigenden Englisch überwölbt werden. Und weil es jedem Menschen zusteht, am Wohlstand und der politischen Gestaltung zu partizipieren, wird einem jeden auf Erden das Anrecht zugebilligt werden, nach seiner provinziellen Erstsprache das gemeinsame Gut der Weltsprache, das Englische, zu erlernen; das zu erreichen, müssen gigantische Förderprogramme alle Winkel der Erde erreichen. Seine einflussreiche Schrift, in der Van Parijs diese Thesen überzeugungsstark verficht, trägt einen täuschenden Plural im Titel, »Sprachengerechtigkeit«, wiewohl es in ihr um die Ungerechtigkeit der sprachlichen Hegemonisierung geht.

Hier gilt es eine Zäsur zu machen. Es gibt nämlich in unserer Zeit nicht nur die mehr oder weniger fanatischen Vor-Babylonier, wie ich all jene nenne, die in die digitale Zukunft von morgen gehen möchten, indem sie die sprachlichen Verhältnisse vor dem Turmbau zu Babel, also die Einsprachigkeit der Welt, wiederherzustellen trachten. Überall leben vielmehr auch Menschen, denen die nach-babylonischen Zeiten, die durch die sprachliche Vielfalt charakterisiert sind, gar nicht so schlecht erscheinen; nein, die diese Vielfalt sogar für einen der großen Reichtümer der Menschheit halten und Artenschutz nicht nur für bedrohte Pflanzen- und Tierarten fordern, sondern auch die Sprachen für etwas Schützenswertes halten.

In Europa wurden vor dreihundert Jahren wesentlich mehr Sprachen gesprochen als heute. Ob es noch sechzig sind oder vielleicht doch hundertzehn, darüber sind sich auch die Empiriker unter den Fachleuten nicht einig. Wie lange wird das Zimbrische, die älteste überlebende Sprachform des Althochdeutschen, gesprochen von einer Handvoll alter Menschen im Gebirge Norditaliens, noch eine lebendige Sprache sein, und wann wird sie, deren Klang ich vor Jahren staunend lauschte, ins Museum der verschwundenen Sprachen übersiedeln? Die Europäische Union, der heute gerne für alles die Schuld gegeben wird, ist für die prekäre Situation etlicher kleiner Sprachen Europas jedenfalls keineswegs verantwortlich. Im Gegenteil, sie hat sich in vielen Gesetzen und Dokumenten zur europäischen Sprachenvielfalt bekannt und manche bedrängte Sprachgruppe in Ost und West in ihrem Überlebenskampf unterstützt. Von den auf bloße Nützlichkeit versessenen Vor-Babyloniern, die sich ganz auf der Höhe der Zeit wähnen, wird die Union dafür natürlich getadelt; aber nicht nur die sprachlichen Minderheiten sind diesen ein Gräuel, selbst die Existenz der vielen kleinen und größeren Staatssprachen halten sie für eine eklatante Störung der europäischen Geschäftsordnung.

Gewiss, die Union leistet sich einen aufwändigen Übersetzungsdienst, sodass jede Rede im Europäischen Parlament und jede Verordnung stets in alle 23 anerkannten Sprachen der Union übersetzt werden muss – auch aus dem Maltesischen ins Litauische oder aus dem Estnischen ins Portugiesische, wofür die sprachkundigen Übersetzer manchmal gar nicht so leicht zu finden sind. Aber was heißt schon teuer? Der deutsche Romanist und Linguist Jürgen Trabant hat in seinem grundgescheiten Buch »Globalesisch oder was?«, einem fulminanten Plädoyer für die Vielsprachigkeit Europas, ausgerechnet, dass dieser so häufig als pure Verschwendung gegeißelte Dolmetscherdienst jeden einzelnen EU-Bürger sagenhafte 2 Euro 28 Cent im Jahr kostet. Da ist also noch viel Potenzial für Einsparung vorhanden!

Für die Europäische Union ist es eine Existenzfrage, dass die Gleichberechtigung aller Sprachen der Mitgliedsländer, der großen wie der kleinen, auch im politischen Alltag praktiziert wird. Es geht um nicht weniger als darum, ob sich die Union als bloße Zollfreihandelszone begreift, deren Institutionen den reibungslosen Geschäftsverkehr zu sichern haben, oder um eine Gemeinschaft, deren Werte nicht mit dem ökonomischen Mehrwert zusammenfallen. Die allermeisten Vor-Babylonier verfügen nur über ein erschreckend banales Verständnis von Sprache. Sie ist ihnen nichts als ein nützliches Vehikel, mit dem kommunikativ notwendige Akte transportiert, geschäftliche Transaktionen befördert und politische Fragen ausverhandelt werden. Selbstverständlich ist Sprache auch das, aber sie ist doch viel mehr: der Urgrund des Menschen, der ohne sie keiner wäre, ein unendlich fein nuanciertes, wandlungsreiches Medium, in dem der Einzelne seiner selbst bewusst, seiner Mitmenschen gewahr und des Reichtums der Welt innewird.

Die Sprache ist kein stehendes, sondern ein fließendes Gewässer. Sie verändert sich, und davor braucht man sich nicht zu fürchten. Immer schon haben die Menschen sich aus anderen Sprachen geholt, was in der eigenen nicht auszudrücken war, und immer sind die Sprachen auch gewandert. Ob auch das Arabische eines Tages zur europäischen Sprache wird, bezweifle ich, aber es wäre nicht das erste Mal in der europäischen Geschichte, dass eine Sprache von auswärts zuwandert. Auch die Ungarn, die sich heute als die letzten Grenzwächter des Abendlands fühlen, haben ihre Sprache ja als Reiterhorde aus Asien nach Europa mitgenommen. Wer jemals zugehört hat, wenn sich Ungarn miteinander unterhalten, weiß, was für ein wunderbarer Sprachklang uns vorenthalten worden wäre, hätten sich ihre Vorfahren nicht aus den Steppen Innerasiens auf den Weg in die Mitte Europas gemacht.

2

Zu ebener Erde und darunter

Das eiserne Herz des Waldviertels

Von Döllersheim nach Allentsteig

Ich stand auf einem riesigen Schutthaufen, und der Oberst-leutnant Zach fragte mich, wie es mir als Pfarrer von Edel-bach gefalle. Der Schutthaufen war etwa zwanzig Meter lang, fünfzehn Meter breit und ein bis zwei Meter hoch. Ich stieg vorsichtig über große und kleine Steinplatten, erklomm die höchste Stelle und bemerkte auf einmal, wie still es ringsum war. Vor mir ragten mächtige Bäume auf, zwischen denen sich in tiefen Gruben das Wasser staute. Nichts war zu hören als das Gezwitscher der Vögel, die versteckt im Gezweig der Bäume saßen. Ich stand auf dem Schutthaufen, zu dem die spätgotische Kirche zum heiligen Stephan in Edelbach ge-worden war.

Die Kirche hatte sich einst in der Mitte des Dorfes Edel-bach befunden, das 1210 erstmals urkundlich erwähnt wurde und im 19. Jahrhundert zwei Gasthäuser, ein großes Kauf-haus, eine Bäckerei, drei Schmiede und etliche Handwerks-betriebe besaß. Die reichen Fischbauern, die den böhmi-schen Karpfen nach Krems und Wien transportierten, ka-men jede Woche hier vorbei und machten Halt, damit sie das Wasser der Fischbehälter wechseln und reparieren lassen konnten, was an ihren Fahrzeugen kaputt gegangen war. Der Schutthaufen der Kirche von Edelbach liegt verborgen im wildwachsenden Durcheinander von Brennnesseln, stacheligen Sträuchern, riesigen Farnen, Fichten und Kastanien, zu dem das Dorf Edelbach geworden ist. Mehr als siebenhundert Jahre brauchte es, der Wildnis, dem undurchdringlichen Urwald des Waldviertels eine Siedlung abzutrotzen, Ackerflächen zu roden, Obsthaine anzulegen, Straßen zu den benachbarten Dörfern durchs Gelände zu ziehen, in der unwirtlichen Gegend ertragreiche wirtschaftliche Flächen zu gewinnen und schmucke Dörfer zu errichten. Keine fünfzig Jahre hat es gedauert, bis die Natur sich alles zurückeroberte, was ihr Generationen mit zähem Fleiß abgewonnen hatten. Die Rückverwandlung einer Kultur- in eine Naturlandschaft ist nicht von einer Naturkatastrophe verursacht worden, sondern war Menschenwerk, mit strategischer Voraussicht geplant, mit militärischer Effizienz vollzogen.

Ich stand in einem idyllischen Wäldchen auf einem Schutthaufen und sagte dem Oberstleutnant Zach, der ein paar Meter vor mir, unterhalb des Schutthaufens im Gestrüpp wartete, dass ich mich als Pfarrer von Edelbach nicht besonders gut fühlte.

Das niederösterreichische Waldviertel ist eine Region von rauer Schönheit. Das ganze Jahr über ist es hier kälter als im östlich angrenzenden, in sanften Hügeln schwingenden Weinviertel oder in der südlich gelegenen Wachau, die ihre hübschen Donau-Städtchen aneinanderreiht und Touristen in großer Zahl anzieht. In Vorzeiten bildete der sogenannte Nordwald mit dem Böhmerwald und dem Bayerischen Wald einen riesigen Urwald, und die Geschichte des Gebietes ist ohne den jahrhundertelangen Kampf gegen den Wald, ohne die Rodung, für die sich Bauern und Leibeigene erschöpften, nicht zu verstehen. In den mittleren Lagen des Waldviertels weicht der feuchte Nebel im Herbst oft wochenlang nicht aus den Tälern und Senken, und über das Hochland aus Granit und Gneis pfeift ein kalter Wind, der den Einheimischen erst auffällt, wenn er einmal nachlässt und für ein paar Tage nicht zu hören und zu spüren ist.

Im finsteren Wald oder auf abschüssigen Wiesen stößt der Wanderer im Waldviertel auf bizarre Steinformationen, massive Granitblöcke, die die Natur geradezu kurios und wie gegen die Gesetze der Statik aufeinander geschichtet hat, was Leute, die für mystische Spekulationen anfällig sind, seit jeher zu obskuren Erklärungen reizt. Ufologen sind im Waldviertel ebenso unterwegs wie Esoteriker jedweder Art, die hier kultische Stätten der Kelten oder heilige Orte mit magischer Heilkraft vermuten. Der Boden des Waldviertels ist mit dem Blut von Rebellen und Ketzern gedüngt, von Waldensern und Katharern, Hussiten und Wiedertäufern und von zahllosen Protestanten, deren Nachfahren sich hier auch nach der blutigen Verfolgung während der Gegenreformation gehalten und von denen später nicht wenige dem evangelischen Glauben einen fanatischen Deutschnationalismus beigemischt haben, der gegen die Herrschaft der katholischen Habsburger gerichtet war.

Hier predigte, verlacht und verehrt, Guido von List, ein exzentrischer Rassentheoretiker, der sich als »Magier der Armanen« bezeichnete und in den Tälern des Waldviertels die letzten unverfälschten Reste der ariogermanischen Rasse entdeckt zu haben glaubte. Sein Schüler Lanz von Liebenfels, der Hitler manche seiner Ideen eingab, scharte auf der Burg Werfenstein die Neutempler um sich, denen er die frohe Botschaft predigte, dass bald schon »Zuchtklöster« errichtet würden, in denen »Brutmütter« ihre Leiber zur Aufzucht von blonden und blauäuigen Herrenmenschen zur Verfügung zu stellen hätten.

Das Waldviertel hat seine falschen und seine echten Rebellen, seine in Wahn verstrickten Welterklärer und seine ungebeugten Ketzer, und in allem ist es ein Stück abgründiges Österreich. Seit einigen Jahren ist es gewissermaßen zum Selbstbewusstsein erwacht, zum kritischen Bewusstsein seiner Eigenart, seiner vielschichtigen und auch seiner prekären Traditionen sowie seiner unentdeckten Reichtümer gekommen; wenn man heute durch das Waldviertel fährt, könnte man den Eindruck gewinnen, in jedem zweiten Schloss werde gerade eine Ausstellung zur Geschichte des Landes mit all ihren dunklen Perioden präsentiert, und jede schön restaurierte Kleinstadt, die auf sich hält, leiste sich mittlerweile eigene Festspiele mit einem dicht gefügten künstlerischen Programm.

Mitten im Waldviertel, in der Nähe des Stiftes Zwettl im Westen und nicht allzu weit von der Bezirksstadt Horn im Osten entfernt, gerät der Reisende an eine innere Grenze, die durch Österreich schneidet und an der es Schluss ist mit der neuen Waldviertler Weltoffenheit. Betreten verboten! Lebensgefahr! Fotografieren, Filmen und Zeichnen gesetzlich untersagt und strafbar! Von solchen Tafeln wird er auf den kleinen Straßen und Feldwegen empfangen, auf denen sich die Annäherung an dieses Gebiet empfiehlt, das gewiss zu den merkwürdigsten der Republik gehört. Ein Gebiet, größer als das Territorium von Luxemburg oder des Fürstentums Liechtenstein, bildet eine Sperrzone, die nur mit Genehmigung des österreichischen Bundesheeres betreten oder auf einer der Straßen, die es durchziehen, befahren werden darf.

Mit dem Truppenübungsplatz Allentsteig – benannt nach einem Ort im Norden der Sperrzone – leistet sich das kleine Österreich einen der größten militärischen Übungsplätze Europas. Der TÜPL Allentsteig, wie er in bürokratischer Verknappung heißt, steht auf dem Grund und Boden eines anderen Truppenübungsplatzes, den die Deutsche Wehrmacht von 1938 bis 1945 in Betrieb hatte und der, nach einer Gemeinde ganz im Süden des Schießplatzes, den Namen Döllersheim trug. Die Nationalsozialisten hatten ihren Truppenübungsplatz freilich nicht ins Niemandsland gesetzt; damit er errichtet werden konnte und hier alsbald Abertausende Soldaten ausgebildet wurden, die kurz darauf das, was sie hier erlernt hatten, im Kampf an der Front erproben sollten, musste zuvor eine ganze Region entvölkert werden.

Nur wenige Wochen, nachdem die Wehrmacht im März 1938 in Österreich einmarschiert war, von einem erheblichen Teil der Bevölkerung begeistert begrüßt, wurde das Revier zwischen Döllersheim im Süden, Allentsteig im Norden, Zwettl im Westen und Germanns im Osten zum größten Schießplatz des Dritten Reiches erklärt. Nicht weniger als 42 Ortschaften mussten binnen weniger Wochen von ihren mehr als siebentausend Einwohnern geräumt werden; 19 081 Hektar landwirtschaftlicher Nutzfläche und forstwirtschaftlich genutzten Waldes wurden enteignet und in den Besitz der Wehrmacht überführt. Von dem ganzen Vorgang und dem Akt der Aussiedelung zeugen verschiedene Quellen, die Verschiedenes berichten. Tatsache ist, dass ein Gebiet, das seit Jahrhunderten besiedelt war, binnen wenigen Monaten von seiner Bewohnerschaft gesäubert wurde, dass Orte, die urkundlich seit dem zwölften Jahrhundert verzeichnet waren, nunmehr als Ziele für Scharfschützen dienten, und dass die Bevölkerung, anfangs entschädigt und zu geordnetem Abzug genötigt, später enteignet und schlicht in alle Richtungen vertrieben wurde.

Natürlich gab es dabei Gewinnler und Kollaborateure, die vielen, die sich traurig in ihr Schicksal fügten, und die wenigen, die Widerstand leisteten. Es wird berichtet, dass kurz nach dem »Anschluss« Österreichs eine Delegation aus Döllersheim nach Berlin zog, um dem Führer die Reverenz seines »Ahnengaues« zu erweisen. Denn mit Döllersheim und dem Führer hat es eine besondere Bewandtnis, die für die Zerstörung des Gebietes, die nicht nur eine militärische war, sondern auch das historische Gedächtnis von 42 Ortschaften auslöschen sollte, bedeutsam ist.

Der Pfarrer Johannes Müllner ist ein gemütlicher Herr von siebzig Jahren und einem zwar freundlichen, doch unbeugsamen Wesen. Als ich ihn am Abend in Roggendorf besuchte, einem kleinen Ort etwa dreißig Kilometer vom Truppenübungsplatz entfernt, hielt er gerade die Abendmesse für gezählte elf alte Frauen, und er war sichtlich froh, sie endlich hinter sich gebracht zu haben und mit dem angekündigten Gast auf ein paar Glas Bier in ein Wirtshaus gehen zu können. Er wusste, dass ich die Erlaubnis erwirkt hatte, am nächsten Tag, geleitet vom Oberstleutnant Zach, durch den Truppenübungsplatz zu ziehen, vorbei an Ruinen, denen man noch ansehen konnte, dass sie einstmals stolze Gutshöfe waren, über Wiesen, in die sich tief die Spuren von Panzern gekerbt hatten, und durch den Finsterwald, in dem die Geschichte von Jahrhunderten verborgen ist.

»Glauben Sie«, sagte der Geistliche mit funkelnden Augen, »glauben Sie, was immer Sie wollen, aber glauben Sie, um Herrgotts Willen, gar nichts von dem, was Ihnen morgen die Militärschädel erzählen werden. Jeder Ungläubige ist mir lieber als diese Scheinheiligen!« In dem verächtlichen Wort von den »scheinheiligen Militärschädeln« lag gewissermaßen die Lebenserfahrung des frommen Mannes beschlossen. Denn der alte Pfarrer hatte es sich zur Lebensaufgabe gemacht, die Geschichte der zerstörten Region mit ihren vier Kirchengemeinden, zahllosen Kapellen, Feldkreuzen, Marterln und ihren Friedhöfen aufzuzeichnen. Jahrelang war er, anfangs mit militärischer Genehmigung, später gegen ausdrückliches Verbot, auf dem Gelände des Truppenübungsplatzes unterwegs, um genau zu recherchieren, was an sakralen Bauwerken noch zu erkennen war und endlich ein monumentales Buch herauszugeben, das »Die entweihte Heimat« heißt. Was er darin festhält, ist eine Geschichte von Gewalt, Schmach und Schande, die Österreich nicht nach gewohnter Manier auf die Nationalsozialisten, die »Preußen«, abwälzen kann, sondern für die es selbst die Verantwortung trägt.

Als die Wehrmacht das Revier in Besitz nahm und dort mit ihren Schießübungen begann, hat sie, warum auch immer, die meisten Ortschaften geschont. Die Bevölkerung war vertrieben, aber geschossen wurde in Felder und Wälder, nicht auf Kirchen und Häuser. Warum die Wehrmacht ausgerechnet dieses verkehrstechnisch abgelegene Gebiet für ihren größten Schießplatz ausgesucht hatte, darüber gibt es Legenden genug, aber nicht nur Legenden, sondern auch historische Vermutungen, für die einiges spricht.

Wenige Kilometer von Döllersheim, dem einst größten Ort des Schießplatzes, lag Strones, ein unansehnlicher Weiler von nicht einmal vierzig Häusern, bewohnt von den Ärmsten, die es nur zu kargem Grund und Boden gebracht hatten. Dort wurde im Jahr 1795 eine Frau namens Maria

Anna Schicklgruber geboren, die sich ein paar Jahre bei einem jüdischen Dienstherrn in Graz verdingte. Als sie aus Graz – manche Historiker meinen hingegen aus Gratzen im Sudetenland – nach Strones zurückkehrte, war sie schwanger und heiratete den Müllergesellen Johann Georg Hiedler, der den Sohn seiner Frau zeitlebens nicht als sein Kind anerkannte. Erst Jahre nach dem Tod des Ehepaares haben drei Zeugen, darunter ein Bruder jenes Hiedler, vor Notar und Pfarrer das eigentlich Unglaubwürdige bezeugt, dass es sich nämlich bei dem Kind doch um den leiblichen Sohn des Müllergesellen Hiedler gehandelt habe.

So wurde aus dem unehelichen Aloys Schicklgruber, wie er bis dahin geheißen hatte, im Alter von immerhin 39 Jahren amtlich jener eheliche Alois Hitler, der seine Cousine heiratete und mit dieser einen Nachkommen zeugte, der den industriellen Massenmord in die Geschichte der Menschheit brachte.

Vielfach verbürgt ist, dass Adolf Hitler sich seiner eigenen Herkunft nie sicher war und schon zu Zeiten der nationalsozialistischen Diktatur das Gerücht ging, er stamme womöglich von einem nichtarischen Großvater ab, eben jenem Mann, bei dem Maria Anna Schicklgruber in Anstellung gewesen war. Der Generalgouverneur im besetzten Polen, Hans Frank, hat dieses Gerücht im Nürnberger Kriegsverbrecherprozess weiter verbreitet, es gilt heute in der Forschung – eben als Gerücht. Die Döllersheimer waren auf den großen Sohn ihres Sohnes jedenfalls so stolz, dass sie den Hauptplatz in Adolf-Hitler-Platz umbenannten und unzählige »Hitler-Eichen« pflanzten. Eine alte Postkarte zeigt das Innere der spätgotischen, dreischiffigen Kirche mit der Bildunterschrift: »In dieser Kirche wurden die Eltern des Führers getraut.«

Es war also nicht so, dass die Döllersheimer in ihrer Mehrheit schon immer aufrechte Antifaschisten gewesen wären. Ihr Entsetzen war daher groß, als im Frühsommer 1938 bekannt wurde, dass ausgerechnet ihr Gebiet geräumt und die Bewohner, des Führers engste Landsleute, in Gemeinden in Nieder- und Oberösterreich, Tirol oder sonst wohin umgesiedelt werden sollten. Die Entsiedelung wurde mit wuchtiger Effizienz durchgeführt, sodass die Wehrmacht schon bald mit 30 000 Mann in ein nahezu menschenleeres Gebiet einziehen und mit ihren Übungen für den längst geplanten Ernstfall, die militärische Eroberung halb Europas, beginnen konnte.

Von Strones sind heute nur ein paar Steinhaufen übrig, als Wallfahrtsort für Rechtsradikale eignen sie sich nicht. Aber auch von den 41 anderen Orten und den zahlreichen Weilern sind nur mehr ein paar Mauerreste, überwuchert von Gestrüpp, und ein paar Wege geblieben, die man, wenn man sich die Mühe macht, genau und lange hinzuschauen, noch erkennen kann, Wege, die heute nicht mehr zum Nachbarhof, in den Obsthain, zu den Viehställen, sondern ins Nichts, in den Wald, zu den Schießgruben führen.

Der Pfarrer Müllner hat eine schöne Angewohnheit, die man nicht unbedingt von einem Geistlichen erwartet: Spricht man ihn auf die Obrigkeit an, sei es die kirchliche, kommunale, staatliche oder militärische, wird der gemütliche alte Herr sehr ungemütlich. Und seinen größten Zorn ruft hervor, dass die vielen entsiedelten Dörfer mitsamt ihren Kirchen nicht von der Wehrmacht zerstört wurden, denn als diese 1945 abzog, gab es die Dörfer noch, die Häuser wären unschwer wieder in Stand zu setzen gewesen, und die Kirchen waren kaum beschädigt. Aber auch die Sowjets, die den

Truppenübungsplatz Döllersheim in Besitz nahmen, haben dem Ländchen nicht den Todesstoß versetzt.

Zuerst kamen vielmehr österreichische Geschäftemacher aus der Gegend, und einige von ihnen begründeten den Reichtum ihrer noch heute existierenden Firmen damit, dass sie von den sowjetischen Soldaten, meist gegen Lieferung von Schnaps, die Erlaubnis erhielten, Baumaterial von den Dächern und Mauern der Häuser zu schlagen und dieses abzutransportieren. Uralte Orgelpfeifen, die sie aus den Kirchen entwendeten, verkauften sie als Dachrinnen, Friedhofssteine als Material für den Straßen- und Häuserbau. Doch selbst als die Sowjets 1955 abzogen und Österreich mit dem Staatsvertrag die volle Souveränität über sein ganzes Territorium wiedererlangt hatte, wäre es noch möglich gewesen, die meisten Dörfer des Truppenübungsplatzes neu zu besiedeln, die Felder zu bewirtschaften und in den Kirchen wieder Gottesdienste abzuhalten. Der Pfarrer Müllner hatte sich jetzt in heiligen Zorn geredet, sodass die Kellnerin das Bier mit den Worten auf den Tisch stellte: »Bitte, Herr Konsistorialrat, regen Sie sich nicht so auf, Sie wissen, das ist nicht gut für Ihre Gesundheit.«

Die 42 Dörfer des Truppenübungsplatzes, den die Wehrmacht TÜPL Döllersheim nannte und das österreichische Bundesheer, um einen markanten Unterschied zu setzen, TÜPL Allentsteig nennt, waren vier großen Kirchengemeinden zugeteilt. In der Mitte des Übungsplatzes lag die Kirchengemeinde Groß-Poppen, die für ihre barockisierte Kirche und das Schloss des Grafen von Windhag berühmt war. Oberstleutnant Zach konnte mich mit dem Geländewagen, den ein Präsenzdiener nach seinen Direktiven über kleine Wege und rumpelnde Pisten lenkte, nicht nahe an Groß-

Poppen heranführen. Denn an diesem Tag lag Groß-Poppen wieder in der Schießbahn der Panzer-Abwehrraketen. Wir standen, vielleicht einen Kilometer von Groß-Poppen entfernt, der Oberstleutnant zeigte mir, wo es lag, und er zeigte mir, dass dort, wo es gelegen war, gar nichts mehr stand, außer ein paar Panzerattrappen, auf die, wie das Dröhnen, das uns den ganzen Tag über begleitete, verriet, unentwegt geschossen wurde.

Es ist ein merkwürdiges Gefühl, ein Gelände mit einem Menschen zu erkunden, dessen Aufgabe es ist, bestimmten Aktivitäten einen höheren Sinn zu geben, an den man selber, anders informiert, nicht glaubt. Oberstleutnant Zach, ein drahtiger Mann von fünfzig Jahren, der jünger aussah, entledigte sich seiner Aufgabe, so gut es ging. Das Bundesheer hat mit ihm als Öffentlichkeitsoffizier eine gute personelle Wahl getroffen, war er doch kein sturer »Militärschädel«, wie der Pfarrer Müllner mir einen angekündigt hatte, sondern ein Mann mit rascher Auffassungsgabe, der sich für vielerlei interessierte, von seinem Einsatz als UN-Blauhelmsoldat in Zypern berichtete und mit dem man anregende Gespräche führen konnte. Er zeigte auf das Nichts von Groß-Poppen und fragte mich, ob der Pfarrer Müllner und die verschiedenen Friedensaktivisten der Gegend nicht verrückt wären, wenn sie ausgerechnet hier einen Ort wiederherstellen wollten, den es doch gar nicht gab.

Es gibt ihn tatsächlich nicht mehr. Aber alte Fotografien beweisen, dass das Schloss und die Kirche 1957, als die Wehrmacht längst nicht mehr existierte und die Sowjets schon abgezogen waren, noch standen. Dutzende alte Leute können als Zuschauer von damals noch heute bezeugen, dass 1961 die Kirche von weither mit schwerer Artillerie beschossen und jeder Treffer auf der mit österreichischen Ministern und

Honoratioren aller Art besetzten Ehrentribüne jubelnd be-klatscht wurde. Unleugbar ist, dass Kirche, Schloss und Häu-ser von keiner feindlichen Macht, sondern vom österreichi-schen Bundesheer dem Erdboden gleichgemacht wurden. Aussiedler aus Groß-Poppen, die schriftlich ihre Erinnerung festhielten, erinnern sich daran, dass bei der letzten Messe, die am 31. Juli 1938 in der Kirche abgehalten wurde, ehe sie ihr Land verlassen mussten, die Leute »nicht nur geweint, sondern laut geschrien haben«.

Es gingen aber nicht alle. In Germanns, einem Ort am öst-lichen Rand der Sperrzone, weigerten sich drei Familien standhaft, ihr Gut zu verkaufen. Der Bauer und Gastwirt Ju-lius Scheidl, der sich insbesondere verbat, andernorts mit jü-dischem Besitz entschädigt zu werden, hat das im Konzent-rationslager Mauthausen mit seinem Leben bezahlt. Auch die Leute von Franzen, einem Ort im Süden, der eigentlich schon außerhalb des Übungsplatzes lag, aber später doch in ihn einbezogen wurde, weigerten sich, ihre Häuser zu ver-lassen. Die Männer wurden strafweise zur Wehrmacht ein-gezogen, und doch harrten die Frauen mit ihren Kindern aus, selbst als wenige Meter von ihren Häusern entfernt täg-lich die Granaten einschlugen. Am Ende hat sich ihr Wider-stand ausgezahlt, denn Franzen, zum Unterschied von Rie-gers, Kleinhaselbach und Mannshalm, Wildings und Pötz-les, Schwarzenreith und Thaures, Söllitz und Mestreichs und von so vielen anderen Orten, existiert noch heute. Von den anderen existieren nur mehr die Namen im Buch des Pfarrers Müllner.

Warum das österreichische Bundesheer ausgerechnet auf kulturgeschichtlich bedeutsame Gebäude, auf Gutshöfe, Kirchen mit ihren reich ausgestatteten Altären und ihren Glockentürmen sowie auf Friedhöfe gezielt haben soll, hatte ich den Pfarrer gefragt, der sich auf seinen verbotenen Gängen durch das Gelände, mehr aber noch wegen seiner fortwährenden Streitereien mit der Obrigkeit die Gesundheit ruiniert hat. »Weil die Militärschädel vollendete Tatsachen schaffen und möglichst schnell möglichst viel ruinieren wollten, ehe Denkmalschützer die vielen Bauwerke entdeckt hätten, die nach den Richtlinien des österreichischen Bundesdenkmalamtes eigentlich als schützens- und erhaltenswerte Kulturgüter einzustufen waren!« Der Pfarrer Müllner war sich sicher, dass nicht Gedankenlosigkeit, sondern perfider Plan dahinter steckte, die Schussbahnen gerade nach den sakralen Bauwerken auszurichten. Es sollte keiner kommen können, dem Bundesheer den riesig dimensionierten Übungsplatz mit dem Argument streitig zu machen, er berge Kulturschätze, für die man andernorts in Österreich erhebliche Summen aufwandte, damit sie nicht verfielen.

Zur Kirchengemeinde Edelbach gehörte die Ortschaft Neunzen, die etwa zwei Kilometer nordöstlich von dem Schutthaufen der Edelbacher Kirche entfernt liegt. Bekannt war der Ort wegen seiner Kapelle mit dem signifikanten Spitzbogengewölbe. Ein Foto beweist, dass in Neunzen sogar im Jahr 1989 noch Häuser standen; sie wurden als einige der letzten am Truppenübungsplatz abgetragen – zum Ausgleich dafür wurde die Kapelle behelfsmäßig restauriert. Sie steht jetzt im Niemandsland, Panzer fahren an ihr vorbei, das Bundesheer hat sich als kulturbewusste Institution erwiesen, die Erhaltenswertes selbst an ihrer Schießstätte hütet.

Der Oberstleutnant Zach wies den Fahrer an, uns aus dem nicht mehr existierenden Neunzen ein Stück in südlicher Richtung zu fahren. Dort steht auf der einen Seite einer breiten Straße eine große Holzbaracke, vor der ein Präsenzdiener gelangweilt den Boden kehrte. Auf der anderen Seite erhebt sich ein kurioses Bauwerk, die »Soldatenkirche«, ein ästhetisch belangloser, im funktionalen Stil der sechziger Jahre errichteter Zweckbau, der den am Truppenübungsplatz stationierten Soldaten, die es sonntags drängt, ihrem religiösen Glauben Ausdruck zu verleihen, als Kirche dient. Zwei Kilometer von hier entfernt befand sich das Juwel der Kirche von Edelbach. Unter den Schuttbergen, zu denen sie zusammengeschossen und endlich planiert wurde, findet man heute noch Steine, die zum gotischen Sterngewölbe aus dem 15. Jahrhundert gehörten, auch Blöcke, die einst das Tonnengewölbe der Sakristei gebildet hatten. Während diese Kirche beschossen wurde und so lange verfiel, bis von ihr nur noch ein paar Mauern blieben, die von Planierraupen umgelegt wurden, errichtete man zwei Kilometer entfernt, nach dem Stilprinzip von Turnhallen, ein Gotteshaus, das, wie Oberstleutnant Zach einräumte, nur von sehr wenigen besucht wird.

Zach hatte sich einen ganzen Tag Zeit genommen, mich durch das Gelände zu fahren, und mir zwischendurch die innere Organisation und die Struktur des Truppenübungsplatzes dargelegt. Ein Wegenetz von dreihundert Kilometern durchzieht das Gelände, in dem nur neunzig Soldaten das ganze Jahr über stationiert sind. Aber aus ganz Österreich werden Truppen aller Waffengattungen für ein paar Wochen hierhergeschickt, um sich in den Fertigkeiten auszubilden, die von ihnen eben verlangt werden. Der TÜPL Allentsteig beschäftigt 213 Zivilbedienstete aus den umliegenden Gemeinden, ist also einer der größten Arbeitgeber der Gegend. 19 der Zivilbediensteten sind behindert, sodass das Bundesheer eine Quote erfüllt, von der sich andere Großbetriebe in Österreich bedenkenlos freizukaufen pflegen. Seltsamerweise betonte Zach nicht ohne Stolz, dass jährlich drei Millionen Liter Treibstoff für die Übungen im Gelände verbraucht werden.

Wir fuhren auf breiten Straßen und kleinen Wegen, hinein in Felder, auf denen in einer Linie alte Lastkraftwagen aufgereiht standen. Sie waren von unzähligen Geschoßen durchbohrt, und der Oberstleutnant konnte mir bei jedem Einschussloch genau erklären, von welcher Waffe es herrührte. Irgendwann kamen wir in einem Dorf, das durch nichts mehr als solches zu erkennen war, an einer Kolonne von etwa dreißig müden Rekruten vorbei. Sie hatten ihr schweres Marschgepäck am Wegesrand abgelegt und stellten sich der Reihe nach an, um von einem Schießstand aus mit ihren Gewehren auf Zielscheiben von Mannsgröße zu schießen, die in etwa 150 Meter Entfernung in der Wiese aufgestellt waren.

Unterwegs sah ich witternde Bildstöcke und kleine Mariensäulen, von denen das Bundesheer jetzt, nachdem es in den letzten Jahren vielfach kritisiert worden war, auf einige ausdrücklich achtet, und alte Flugzeuge, die, von schwerem Geschoß zertrümmert, irgendwo in der Wiese rosteten. Dem Bundesheer stehen 15 700 Hektar zur Verfügung, rund dreitausend Hektar hat sich der Staat für seine Bundesforste gesichert. Daher fielen mir an Waldesrändern immer wieder Hochstände auf, denn, so merkwürdig es anmutet, ein militärisches Übungsgelände, in dem keine Menschen mehr leben, bildet ein Revier, in dem sich ein hoher Wildbestand entwickelt, und um an den Jagdtagen des TÜPL Allentsteig

teilnehmen zu können, sind Hobbyjäger aus ganz Österreich, die meist aus den besten gesellschaftlichen Kreisen
stammen, durchaus bereit, hohe Taxen zu entrichten. Über
tausend Wildschweine, sagte Zach, wo gibt es so was sonst
noch?

Während ein Gebiet, größer als das EU-Mitgliedsland Luxemburg, entvölkert wurde, hat sich dort eine Artenvielfalt
an Vögeln und Tieren entwickelt, die einzigartig ist und zum
kuriosen Faktum geführt hat, dass in den letzten Jahren
ausgerechnet diese militärische Übungsstätte einer Natur-
schutzzone eingegliedert wurde. »Natura 2000 Schutzge-
biet« ist die offizielle Bezeichnung dafür, dass rund zwei
Drittel des Gebietes, was den Schutz von Vögeln betrifft, bestimmten Auflagen unterliegt. In der *TÜPL Rundschau,* der
Zeitschrift des Übungsplatzes, formuliert es der Komman-
dant des Übungsplatzes selbstgewiss: »Klar und deutlich
kann festgestellt werden, nur durch die militärische Nut-
zung wird der hohe ökologische Wert des Truppenübungsplatzes gesichert.«

Ehe ich das Gebiet im Herzen des Waldviertels verließ, in
dem der Mensch als Schadensfaktor des Biotops fast verschwunden und nur mehr in Gestalt von Soldaten zugegen
ist, zog es mich anderntags noch einmal nach Döllersheim,
dorthin, von wo die Geschichte einst ihren Anfang genommen hatte. Vor ein paar Jahren ist Döllersheim, ohnedies
am äußersten südlichen Rand gelegen, aus dem Truppenübungsplatz ausgegliedert worden. Jeder kann den Ort ohne
Menschen besichtigen, und tatsächlich finden sich zu Aller-
seelen auch oft an die tausend Wallfahrer ein, meist Nachkommen der Ausgesiedelten, um am Friedhof ihrer Toten
zu gedenken. Vom Ort Döllersheim ist nichts mehr übrig

geblieben. Ein Weg führt einen kleinen Hügel hinauf, und nach einer Kurve sieht man eine Häuserwand, durch deren Fenster die Äste von dahinter wachsenden Bäumen ragen. Dann erreicht man eine Kuppe, auf der die ehemalige Kirche St. Peter, ihr zur Seite die Mauerreste des Pfarrhauses und ihr gegenüber die Ruine eines Gebäudes stehen, auf der noch die Aufschrift »Volksschule« zu entziffern ist.

Die dreischiffige spätgotische Hallenkirche hat einen mächtigen romanischen Turm, und der Verfall, der von den vierziger zu den siebziger Jahren gerade so unvermeidlich schien wie bei den anderen Kirchen des Truppenübungsplatzes, wurde durch eine Reihe von Maßnahmen – wie den Bau eines provisorischen Daches über dem Mittelschiff – gebremst. 1986 wurde die Kirchenruine vom Militärbischof Zak als »Friedenskirche« neu eingesegnet, und 1992 wurden die Soldaten des Truppenübungsplatzes in dieser Friedenskirche angelobt, was zu wütenden Protesten vieler Katholiken der Region führte und den Pfarrer Müllner zu einer Äußerung veranlasste, die er mich bat, schriftlich nicht zu wiederholen, weil sie sich für einen Geistlichen auch dann nicht gezieme, wenn sie absolut zutreffend sei.

An der Rückseite des romanischen Turmes entdeckte ich eine Tafel: »Zum Gedenken an die in den Gefängnissen und in den Konzentrationslagern gestorbenen Waldviertler. Im Gedenkjahr 1988.« Sie war bereits völlig abgeblättert und von zwei mächtigen Thujen fast verdeckt. Hinter der Kirche dehnte sich ein großer, auch von Mannschaften des Bundesheeres gepflegter Friedhof, der an diesem Augusttag aber schon wieder in ein Stadium der Verwilderung übergegangen zu sein schien. Rund 25 000 Menschen sollen hier im Laufe der Jahrhunderte bestattet worden sein. Ich ging die langen Reihen gusseiserner Kreuze entlang, zwischen denen Brennnesseln wuchsen, hörte Grillen und Vögel und, unter einem wolkenverhangenen dunklen Himmel, immer wieder das Donnergrollen, das nicht von einem nahenden Sommergewitter, sondern den alltäglichen Geschützübungen herrührte.

In der Unterstadt

Versuch über die Kloake

Eines Tages waren sie aus den Kloaken gestiegen und hatten die Kinderzimmer erobert. Als die Eltern von der Arbeit in ihre Reihenhäuser und Eigentumswohnungen nach Hause kamen, waren sie jedenfalls schon da und hatten es sich auf den Schultern ihrer Kinder bequem gemacht. Da saßen sie, gaben sich niedlich und erinnerten in der geordneten Welt der Sauberkeit daran, dass es nicht nur Anstand und gute Sitte, sondern auch Schmutz und Abfall gibt. Kein Zweifel, den Ratten war der soziale Aufstieg gelungen: Gestern noch Schmarotzer der Gosse, die sich von unserem Unrat nährten, waren sie zu Haustieren geworden, für deren Versorgung sich die Sprösslinge der Mittelschicht zuständig halten. Ein paar Tausend Jahre lang waren sie Objekte des Ekels gewesen – Tiere der Seuchen und des Abfalls, wurden sie mit Armut und Elend gleichgesetzt; verächtlich, unrein, ein Ausgestoßener, wer es mit ihnen zu tun bekam, weil er von Berufs wegen in den Abwässern der Städte unterwegs war oder es nur zu einer Unterkunft gebracht hatte, die aus Schmutz und Armut gebaut war.

Jetzt aber fanden sich die Ratten nicht in feuchten Kellern, nicht an den Gabelungen der Kanäle, wo sie fraßen, was andere weggeworfen, ausgespien hatten, sondern in Wohnräumen, die bisher alle Tage von der Hausfrau gekehrt oder wenigstens einmal in der Woche von der Putzfrau gründlich sauber gemacht wurden. Die eklen Zeugen der Unterwelt, grausige Boten von Pest und Cholera, gierige Verzehrer von Kot und Unrat, Gefährten der Fäulnis, waren von den Kindern des Wohlstands entdeckt und liebgewonnen worden. Denn von Zeit zu Zeit tritt eine neue Generation an, aufzudecken, was die vorangegangenen tunlich verborgen hatten; sie kehren zuoberst, was ihre Eltern zudecken, verstecken, verheimlichen, und in aller Unschuld und Bosheit, die der Generationenfolge eignet, bringen sie ans Licht, was lange im Dunkel, unter Verschluss, außer Sichtweite gehalten wurde. Was sie zu ihrer Fahne wählen, das ist gerade die Schande, die Schmach, die Beschämung von gestern: diese stellen sie aus, seht her, uns ist teuer, was ihr wegwerft, wir sind stolz auf das, was euch peinlich ist, und wovor euch graut, gerade damit vergnügen wir uns.

In solcher Revolte, die mehr aus dem Instinkt als der Überlegung entspringt, stößt das Unbewusste durch die dünne Schicht der Zivilisation. Etwa zur selben Zeit wie die Ratte wurde bei den Jugendlichen der westlichen Industrienationen das Totengewand populär. Auch der Tod ist eine Ratte, von der niemand etwas wissen möchte, deren Anblick uns schreckt, an die wir nicht erinnert werden wollen und die sich, alles in allem, mit verwesendem Leben nährt. Da schreitet eine Jugend in den Metropolen einher, als gälte es dem mittelalterlichen Sensenmann zu huldigen. In schwarze Lumpen gehüllt, mit Attributen des Leichenbestatters vergangener Zeiten ausstaffiert, das Gesicht wächsern zur Totenblässe geschminkt, so ziehen sie durch die bunte Welt des

Fortschritts, der es gelingen möchte, den Tod zu vergessen. Die Zivilisation produziert unablässig Berge dampfenden Mülls, und die Ströme ihrer Fäkalien hören nicht auf zu rauschen. Den Tod sucht sie zu entsorgen wie Müll, der unauffällig zu verschwinden hat, aus dem Stadtgebiet verfrachtet, in die Erde gesteckt, irgendwohin verschickt wird.

Die Jugend, die auf die Ratte gekommen ist und sich in das Schwarz des Todes kleidet, mag vielleicht gar nicht wissen, wofür sie rebelliert, und jedwede Erklärung ihrer befremdlichen Vorliebe verärgert oder gelangweilt abtun. Aber wie von selbst lenkt sie die Aufmerksamkeit auf einige Geheimnisse, die die Zivilisation um ihr eigenes Wesen macht: Dass diese nämlich auf Müll gebaut ist und ihren Reichtum der Unermüdlichkeit verdankt, mit der sie Dinge herstellt und damit Abfall produziert; weiter, dass es zu ihren edelsten Errungenschaften gehört, diese Tatsache zu verdrängen und verschwinden zu lassen, was bei der Herstellung als unverwertbar anfällt und nach dem Verzehr ausgeschieden wird. Und schließlich erinnern die Jugendlichen, die die Ratte und den Tod als Schmuck tragen, auf den verschwiegenen Zusammenhang von beidem, von Herstellen und Verschleißen, Werden und Vergehen, Aufbauen und Absterben, von Fleiß und Tod. Der Fleiß nämlich, mit dem Gegenstände hergestellt, Sehnsüchte erfunden, die Natur industriell bearbeitet wird, soll uns in der Fülle der Dinge, die wir schaffen, vergessen lassen, dass wir sterblich sind; doch zugleich bringt dieser Fleiß eine zweite Welt hervor, und diese besteht aus Müll, Abfall und Verwesung.

Die Kloake ist das erste Kennzeichen von städtischer Zivilisation, und sie tritt paradoxerweise auf, indem sie etwas verschwinden lässt. In der Ortschaft Mohenjo Daro, vier Autostunden von Haidarabad entfernt, standen vor rund 6500 Jahren die ersten mehrstöckigen Steingebäude der Welt. Und die Archäologen sind heute noch damit beschäftigt, deren Müllschächte freizulegen und vorsichtig abzuspachteln, was sich an ihnen in versteinerter Form erhalten hat. Denn im Müll ist eine ganze Menge über die Menschen zu erfahren, die ihn verursachen und, wiewohl er ein Teil von ihnen ist, als fremden Stoff entfernt haben möchten.

In Mohenjo Daro jedenfalls war der Müllschacht bereits wie eine Art Kamin angelegt, an dessen unterem Ende, im Keller des Gebäudes, eine große Vase den Unrat auffing. Aus den Vasen ist zu schließen, dass in diesem Ort, der mittlerweile schon ein paar Hundert Jahre im Elend festsitzt, einst die Zivilisation einen großen Sprung gemacht hat: hatte es die Stadt doch zu irgendeiner Form von Müllabfuhr gebracht, also das Entfernen der Exkremente und des verweslichen Mists, wie sie in jedem Haushalt anfallen, kommunal organisiert.

Das ist eine staunenswerte Leistung, denn etliche Tausend Jahre später, im europäischen Mittelalter, war es selbst in den berühmtesten Städten, in denen Wunderwerke der Baukunst errichtet wurden und angesehene Meister sich im Gestalten spätgotischer Madonnen übten, durchaus üblich, die Fäkalien einfach aus dem Fenster zu leeren. In der Stadt des späten Mittelalters und der frühen Neuzeit stockten in den Straßen und Gassen die Schwaden von Pestilenz und Gestank, und die Stadtluft machte nicht nur frei, sondern auch krank. Die Seuchen waren eine städtische Errungenschaft und die Ratten, nebenbei, die gefürchteten, gehassten

Boten dieser Seuchen, von denen die Bevölkerung immer wieder erheblich dezimiert wurde.

Demgegenüber hatten die Sumerer bereits um 3700 vor Christus gewusst, dass sie die Fäkalien nicht einfach in ihren Städten verrotten lassen durften, sondern mittels des Wassers möglichst weit hinausspülen mussten. So richtig gelungen ist ihnen das zwar nur im Königsbezirk, wo sie tatsächlich eine frühe Form von Latrinenspülung installierten, aber immerhin, das Problem war ihnen bekannt und auch der Weg, es zu lösen. Auch dem antiken Rom, das es binnen wenigen hundert Jahren auf die Dimension einer Großstadt selbst nach heutigem Begriff brachte, war die Notwendigkeit, die Abfälle zu entsorgen, bereits klar. Damals entstand das erste Reinhalte-Unternehmen, dessen Konzept es bereits war, die Latrineninhalte mit Fuhrwerken abzuholen, sie zu trennen und den verwertbaren Teil an die vor Rom gelegenen großen Gärtnereien und Gemüsepflanzungen als Düngemittel zu verkaufen. Dieser Schritt war insofern revolutionär, als er die Notwendigkeit, den Abfall aus der Stadt wegzubringen, mit dem Kalkül verband, ihn gewinnbringend wiederzuverwerten, ein Zusammenhang, der erst im 19. Jahrhundert wieder von den so genannten Hygienikern aufgegriffen wurde.

Die Kloake ist ein Kennzeichen der Zivilisation, wie die Verdrängung eine der Leistungen ist, die die Zivilisation einem jeden Einzelnen von uns abverlangt. Es kann sich keine Zivilisation entfalten, wenn die Menschen in ihrem eigenen Dreck stecken und ihre Kraft dafür aufbrauchen müssen, im Unrat zu stöbern oder sich ihren Lebensraum inmitten von Bergen des Unrats zu schaffen. Es kann sich auch keine Kultur entfalten, wenn die Triebe ohne Umweg zu ihrem Ziel kommen, wenn sie sich nicht, durch Verbote und Scham, durch Ächtung von außen und innere Gewissensbildung, auf den langen Weg der Sublimierung begeben müssten. Der Umweg, den der Einzelne gehen muss, um an sein Ziel zu gelangen, die Entschiedenheit, mit der er dabei neue, andere Ziele entdeckt, ist eine wesentliche Kulturleistung. Wie alle Kulturleistungen wird auch diese teuer bezahlt, mit dem reich ausgestalteten Fächer von Neurosen, den die Menschen sich zur Qual und Zier geschaffen haben, oder mit dem Gefühl von Angst und Fremdheit, das den Menschen befällt, je weiter er sich aus der Natur herauszuarbeiten wusste.

Freilich, die Entsorgung der Exkremente durch die Kloake wie die Entsorgung unerlaubter Begierden durch die Verdrängung kann niemals so rückstandsfrei gelingen, dass der Mensch sich ein für allemal dessen entledigt hätte, was unerwünscht oder verboten ist. Der Mist, den man in der Erde vergräbt, wächst irgendwann ans Tageslicht, und die Flüsse, in die der Abfall geschüttet wird, schäumen anderswo giftig auf. Kurz, den Unrat nur wegzuwerfen oder abtransportieren zu lassen, ist eine Lösung, die sich rächt, an einem selbst oder an den Nachbarn. Und erst recht wissen wir, dass die Begierden, Erlebnisse, Verletzungen, die verdrängt werden, nicht zu existieren aufhören, sie mögen tief ins Unterbewusste sinken, aber dort wirken sie weiter oder sie drängen, verschoben, verbogen, verändert, wieder ans Licht des Tages.

Wir geben uns zwar Mühe, aber in Wahrheit können wir nicht vergessen. Das Unsichtbare ist das Fundament unserer Kultur, wie wir selber aus einer unsichtbaren Menge, der namenlosen Schar von Abgestorbenen hervorgegangen sind. Was wir aus unserer Nähe verbannen, existiert deswegen doch weiter, und was uns bestimmt, ist nicht nur das Offenkundige, zu dem wir uns bewusst in Beziehung setzen können, sondern auch das Verborgene, das außer Sicht Gebrachte, das im Fluss des Vergessens fortgespült wurde und doch wiederkehrt.

Wir sind aus dem Wasser gekommen und wenn wir es verlieren, sind wir verloren. Von allen Ressourcen der Erde ist das Wasser die wichtigste, und das wussten, als es noch keine Naturwissenschaften gab, die es uns lehren konnten, schon die alten Mythen, die davon erzählen. Wunderbar ist das Wasser, weil es fließt. Auch stehenden Gewässern zollen die Religionen seit jeher Achtung und Respekt, aber das heilende, das heilige ist das fließende Wasser. Was der Fluss mit sich trägt, seit Urzeiten, das ist die Sünde, die Schuld. Lange ehe es industriellen Müll gab, den das Wasser fortspülte, Unmengen von Abwasser, deren sich die privaten Haushalte mittels der Kanäle und Flüsse entledigten, lange ehe die Flüsse das Gift mit sich nahmen, nahmen sie Schuld und Sünde mit sich. Der Sünder taucht ein in das Wasser und ist gereinigt, gereinigt von der Schuld, die er auf sich geladen hat, von der Sünde, mit der er sich befleckte. Das fließende Wasser verheißt Reinheit, ist Reinheit. Noch in der christlichen Taufe, mit ihrer symbolischen Beträufelung des Täuflings, lebt diese magische Vorstellung fort, und selbst wo der Fluss so verdreckt ist wie der Ganges, verspricht das rituelle Bad immer noch kultische Reinigung.

Dass die Menschheit auf die Idee kam, ihren Mist in die Flüsse zu kippen, ist also naheliegend und befremdlich zugleich. Naheliegend, weil das Wasser immer schon mit sich nahm, was man nicht mehr sehen, ertragen, erdulden wollte, befremdlich, weil das fließende Wasser heilig war und es nun mit dem Abfall verunreinigt wurde, den man ihm übergab. Tatsächlich ist die reinigende Kraft der Flüsse etwas Wundersames, und die längste Zeit wurden die menschlichen wie die industriellen Ausscheidungen im vollen Zutrauen in die Flüsse geleert, dass sich diese wie von selbst immer wieder zu reinigen vermöchten und durch nichts auf Dauer zu vergiften seien. Das fließende Wasser ist der Urmythos von Ursprung und Heilung. Alles fließt, sagt Heraklit, und er war sich sicher, damit das Gesetz des Lebens – und wie es sich immer wieder erneuere – benannt zu haben.

Alle Weltreligionen huldigen der reinigenden Kraft des Wassers, vielleicht am meisten der Islam, der in der Wüste, also einer nahezu wasserlosen Region entstand. Die rituellen Waschungen sind ihm strenges religiöses Gebot, und wiederaufbereitetes Wasser darf sogar in den wasserarmen islamischen Staaten wie Saudiarabien ausnahmslos nur für die Bewässerung verwendet werden. Islamische Stadtplaner und Baumeister wiederum haben zu berücksichtigen, dass der Benützer einer Toilette niemals mit dem Gesicht gegen Mekka zu sitzen komme, und ganz allgemein ist die Frage, was als rein und was als unrein gilt, im Islam von eminenter, den Alltag durchformender Bedeutung.

Das Wasser nimmt mit sich fort, was wir nicht mehr sehen, riechen wollen und was wir in unserer Mitte nicht ertragen können, den Unrat und die Sünde. Aber die Flüsse, lehren die Mythen, sind nicht nur die ewige Wiederkehr, Erneuerung und Reinigung des Lebens. Nein, auch der Tod ist ein Fluss, etwa die griechische Styx, von der Vergil erzählt, sie fließe neunmal um den Hades. Das Wasser der Styx war tödlich, kein Gefäß gab es, mit dem man aus ihr schöpfen konnte, denn alle zerbrachen dabei, wie es jeden Stoff zersetzte, den es berührte. Noch der vorzeitige Tod Alexanders des Großen wurde damit erklärt, dass der Jüngling, der für unsterblich galt, sich mit dem Wasser der Styx vergiftet habe.

Und wie die Styx, der bekannteste Todes- und Totenfluss, gab es überall Bäche, Flüsse, Ströme, denen die Menschen schaudernd, verehrungsvoll die Kraft zugedachten, den Tod zu bringen.

Das ist einer der Gegensätze, mit denen sich die Menschheit seit jeher die Natur und ihr eigenes Schicksal zu erklären sucht. Das Sichtbare und das Unsichtbare, Reinheit und Unreinheit – der Fluss, der das Leben ist und auch der Tod sein kann, ist ein geheimnisvolles Band, das solche Gegensätze vereint. Er vermag Schuld und Schmutz in sich aufzunehmen und unsichtbar zu machen, aber er selbst bleibt doch zugegen, ist sichtbar, man kann in ihn greifen, sein Wasser durch die Finger laufen lassen. Er nimmt mit sich, was die Menschen nicht mehr sehen möchten, aber gerade dadurch ist er nicht nur heilig, sondern auch bedrohlich. Er reinigt die Menschen von dem materiellen Schmutz, den sie herstellen, und von dem immateriellen, der Sünde, in die sie irrend geraten sind. Wenn er Schmutz und Sünde mit sich genommen hat, ist es nur mehr er selbst, der an Schmutz und Sünde erinnert. Er ist ein Heiligtum, aber auch eine unausgesetzte Klage. Wir selber sind von dem Fluss fortgetragen worden, darum gemahnt er an den Tod, an die Nichtigkeit unseres Tuns, an unsere Schuld. Kein Wunder, dass die Griechen einen eigenen Fluss des Vergessens ersannen, den Fluss Lethe, wer in ihm badete, dem war das Vergessen beschieden, er war befreit von allem, was er erlebt hatte, von Sorge, Demütigung, Liebe, Schuld, Erinnerung. Er war tot.

Jeder hat einen in der Familie, in der Freundesschar, der sich von den Dingen, die sich im Leben ansammeln, nicht zu trennen vermag. Es gibt den Typus, der nichts wegwerfen kann, alles aufheben muss und dessen Leben ein ewiger Hader ist, dass die Kästen, die Wohnung, der Schuppen zu klein sind für diese große Leidenschaft, die Dinge zu sammeln und zu hüten. Die Sammelwut kann sympathische, aber auch zwanghafte Züge tragen, und Italo Calvino hat einmal vom Inferno einer Welt gesprochen, in der nichts verloren geht, nichts weggeworfen wird und sich über die Generationen anstapelt, was immer an Bedeutendem und Nichtigem geschaffen wurde. Der an ihrem eigenen Gerümpel erstickenden Welt ist eine ganz anders geartete infernalische Gesellschaft entwachsen, die sich dem Inferno des radikalen Verschleißens, der mechanischen Umwandlung von Werten in Müll, der unablässigen Einverleibung von Gütern zum Zwecke der Ausscheidung verschrieben hat.

Als ich mir zum ersten Mal ein städtisches Kanalsystem erklären ließ und das Wasser in mächtigen Rohren rauschen hörte, hat mich ein eigenartiges Gefühl ergriffen: Ich hatte den Eindruck, eben in einer anderen Geschichte dieser Stadt zu leben. Diese Autobiografie der Stadt wird vom Müll und Klärschlamm, vom Altstoff und dem System der Kanäle geschrieben, und in ihr ist verzeichnet, was die Bewohner von sich ins Dunkel der Kanäle spülen und in den Containern des Mülls verbergen. Was die Menschen wegwerfen, charakterisiert sie nicht minder als das, was sie aufheben, und wie sie sich des Verbrauchten, nicht mehr Benötigten, Ausgeschiedenen entledigen, hat auf ihr Leben mehr Einfluss, als sie selber ahnen mögen. Tatsächlich ist unsere gesamte Existenz von einer zweiten, einer Gegen-Welt, die aus den Restbeständen der ersten besteht, unterhöhlt. Goethe wusste es schon, als er schrieb: »Unsere moralische und politische Welt ist mit unterirdischen Gängen, Kellern und Kloaken miniert, wie eine große Stadt zu sein pflegt.« In dieser Welt wird die erste, die obere Welt gespiegelt und geradezu karikaturistisch kenntlich, im Müll lesen wir von den Illusionen und Obsessionen dieser unermüdlich schaffenden, ewighungrig verzehrenden Welt; im System der Kanäle rauscht die Biografie einer Stadt, eines großen sozialen Organismus daher, der sich kolikartig in die Unterwelt entleert und selber nicht kennt, solange er nicht auch diese seine andere, seine von ihm geschaffene Gegen-Welt zur Kenntnis genommen hätte.

Ein Ingenieur, der mir die beeindruckenden Wasserbehälter einer mittelgroßen Stadt zeigte und die Funktionsweise der Anlage erklärte, wies mich darauf hin, was er vom Wasserverbrauch seiner Stadt alles über die Gewohnheiten der Bewohner ableiten könne. So ist der größte Wasserverbrauch immer in der Halbzeit von großen Fußballspielen zu verzeichnen, wenn im selben Moment hunderttausend Stadtbewohner die Toilette aufsuchen, um sich jener Menge Körperflüssigkeit zu entleeren, die sie sich vorher in sportlicher Menge an Bier einverleibt haben. Regelmäßig führt dieser vorhersehbare, geballte Wasserverbrauch zu einem Druckabfall in den Großbehältern, weil binnen einer Minute Millionen Liter Wasser aus den Wasserrohren geholt und ins Kanalnetz gespült werden.

Die Autobiografie der Stadt, wie sie in der verborgenen Gegen-Stadt der Kanäle, der Unterstadt der Wasserversorgung, geschrieben wird, bietet weder die private noch die öffentliche Geschichte ihrer Bewohner. In dieser Gegen-Welt wird vielmehr der Gegensatz von Privatem und Öffentlichem, wie er die funktionierende bürgerliche Gesellschaft bestimmt, auf merkwürdige Weise aufgehoben. Was hier zusammenströmt, aus den Badewannen, den Küchenabflüssen, den Klosetts, stammt zwar aus dem intimen Bereich der Einzelnen – das Klosett wird in vielen Sprachen ja als der »geheime Ort« bezeichnet; was aus dem intimen Bereich des Einzelnen stammt, vereint sich in der städtischen Unterwelt jedoch ununterscheidbar mit den Abwässern der unzähligen anderen Einzelnen, und aus dieser Vereinigung wächst ein großer Strom, an dem jeder teilhat und den doch keiner als Errungenschaft, als Produkt einer Gemeinschaft versteht, ein Strom von Ausscheidungen, den alle miterschaffen und niemand für den seinen hält. Diese Unterstadt, in der das Private und das Öffentliche sich aufheben, ist »ein allen bekanntes Geheimnis«, wie es der russische Ästhetiker Boris Groys einmal in anderem Zusammenhang genannt hat: ein Geheimnis, das alle kennen und das ein jeder hütet.

Die unaufhörliche Wanderung

Unterwegs in Odessa

Wir waren schon zwei Wochen in Odessa, als wir endlich der »Schönheit und Vollkommenheit« teilhaftig wurden. Olga war um die fünfzig, stammte wie Generationen leidenschaftlicher Odessiten nicht aus Odessa selbst, sondern war vor dreißig Jahren aus Moldawien zugezogen. In ihrem Beruf als Mathematikprofessorin hatte die sprachenkundige und weltläufige Frau so wenig verdient, dass sie anfing, nebenbei Führungen durch die Stadt ihres Lebens anzubieten, eine Tätigkeit, der sie sich inzwischen hauptberuflich und mit pädagogischem Eros widmete. Sie hatte mindestens sechs verschiedene Routen in ihrem Programm. Amerikanische Juden führte sie durch das nicht mehr existierende jüdische Odessa, zu den drei von einst fast zwanzig Synagogen, zum Jüdischen Museum, das in einer kleinen Hinterhofwohnung untergebracht war, und zu dem Haus, in dem seit ein paar Jahren wieder eine jüdische Zeitung herausgebracht wurde. Griechischen Reisegruppen zeigte sie das nicht mehr existierende griechische Odessa, von dem immerhin noch eine schöne Straße im Zentrum, die Grecheskaya, eine vielfach zerstörte und mit jeder Renovierung weiter ruinierte griechisch-orthodoxe Kirche und ein kleines Heimatmuseum zeugten. Deutschen, die sich auf die Spuren ihrer Vorfahren setzen wollten, den Schwarzmeer-Deutschen, von denen die ersten schon 1803, neun Jahre nach Gründung der Stadt, hierhergezogen waren, präsentierte sie das nicht mehr existierende deutsche Odessa: Da war die erste Buchhandlung der Stadt gestanden, gegründet von einem Zuwanderer aus Württemberg namens Berndt, dort war von den einst prachtvollen Handelshäusern der Dynastien Stieglitz-Bernhard oder Bellino-Fenderich nichts mehr zu sehen, aber hier konnte man immerhin noch das Anwesen der Familie Falz-Fein bewundern, eine Residenz mit zwei monumentalen Steinfiguren, Atlanten, die sich die Weltkugel und auf architektonisch kuriose Weise das Haus selber geschultert zu haben schienen. Und natürlich konnte Olga auch einfach eine Runde durch die Altstadt anbieten, je nach Wunsch mehr an den berühmten Bauwerken, den Museen, den Souvenirläden orientiert.

Da wir uns mit ihr schon öfter unterhalten und dabei stets so getan hatten, als würden wir von Odessa längst alles kennen, was sie uns zeigen wollte, hatten wir ihren Ehrgeiz geweckt. Als wir ihr an einem Samstagmittag zufällig über den Weg liefen, in der Altstadt, in der zu dieser Stunde Tausende flanierten, führte sie uns ein paar Schritte in eine stille Seitenstraße, öffnete dort das stattliche Tor eines elegant witternden Palais und erklärte uns, wir befänden uns hier im »Haus der Gelehrten«. Das Haus war nach Plänen des bedeutenden deutschodessitischen Architekten Hermann Scheurembrandt, von dem auch die große lutherische Kirche St. Paul stammte, gebaut worden, im Auftrag von Fürst Michail Tolstoi, einem Verwandten des Schriftstellers, der sich hier, fern von Moskau und St. Petersburg, einen zweiten

Wohnsitz und einen Treffpunkt freisinniger Geister schuf. Wir gingen auf knarrendem Parkett durch das Gebäude und fanden uns in einem Salon, der rundum mit venezianischen Spiegeln ausgehängt war und in dessen Mitte ein Klavier stand, auf dem einst Franz Liszt gespielt haben soll. In diesem Raum hatte 1941 die vierte rumänische Armee, die mit den Sondereinheiten der Wehrmacht den Völkermord an den Juden von Odessa exekutierte, ihr Oberkommando eingerichtet. Inmitten von venezianischen Spiegeln, in denen sich das Licht raffiniert fängt und vervielfacht, neben dem Klavier Franz Liszts, wurden hier die Todeslisten erstellt, nach denen abertausende Bewohner der Stadt binnen weniger Monate deportiert und ermordet wurden.

Wir standen in diesem schönen Raum, in dem der Tod über Tausende verfügt wurde, und hörten mit einem Mal unterdrücktes Gelächter und lautes Getrappel. Das »Haus der Gelehrten« wurde von der Stadt, die sich so viele liebevoll ausgestattete Museen hielt, nicht als Gedenkstätte genutzt, sondern an allerlei Vereine vermietet, die hier ihre Treffen und Kurse organisierten. Gerade hatte, wie jeden Samstag um vierzehn Uhr, der Kurs »Schönheit und Vollkommenheit« begonnen. Im großen Eingangssaal unten waren an die dreißig junge Frauen aufgeregt dabei, den Anordnungen der heftig blondierten Kursleiterin, die Schönheit und Vollkommenheit nach dem Maßstab amerikanischer Seifenopern bereits verkörperte, zu folgen. Heute ging es darum, wie man ein Restaurant richtig betrat und sich zielstrebig und selbstbewusst, aber auch wieder nicht zu zielstrebig und zu selbstbewusst dem Tische näherte, an dem man von dem Kavalier, den es zu betören galt, bereits erwartet wurde. Die Lektion mutete komisch an, wie da ein Mädchen nach dem anderen, schlenkernd vor Betretenheit oder auf pfeilgerader

Spur und mit verkniffener Miene, durch das Spalier seiner kichernden Kolleginnen den Weg zu dem Tischchen zurücklegte, an dem es von der Kursleiterin als imaginärem Bewunderer erwartet und sogleich für diesen oder jenen Fehler getadelt wurde.

Ich fragte Olga, ob solche Volksbildung wohl zum pädagogischen Ziele habe, die jungen Frauen dafür zu trainieren, sich einen dummen, aber wohlhabenden Mann als Gatten oder immerhin als langfristig spendablen Geliebten zu angeln. Aber davon wollte Olga, die sonst an der neuen, der postsowjetischen Zeit viel zu kritisieren hatte – etwa dass sie als Professorin für Mathematik zu wenig verdiente, um einigermaßen über die Runden zu kommen –, rein gar nichts wissen. Im Gegenteil, sie hielt solche Kurse für wichtig und bedauerte, dass sie so teuer waren und nicht viel häufiger angeboten wurden. »Der Kommunismus hat in unserer Bevölkerung jedes Formgefühl zerstört«, sagte sie, »alles, was mit Benehmen, Takt, Manieren zu tun hat. Unsere Leute sind im Alltag unglaublich roh und unkultiviert, obwohl sie so warmherzig und großzügig sind. Sie sind roh, weil sie nicht wissen, wie man sich zu benehmen hat, sie haben keine Ahnung, was man tun und was man unterlassen soll, wenn man in Gesellschaft ist. Und wenn diese Mädchen das lernen, dann ist es nicht nur gut für sie, sondern für uns alle.«

Ein paar Tage vorher waren wir in einem Restaurant gesessen, in dem viele Tische mit wohlbeleibten Herren in mittleren Jahren und jungen Frauen belegt waren, die sich alle zu bewegen wussten, als hätten sie den Meisterkurs in »Schönheit und Vollkommenheit« bereits mit Auszeichnung absolviert. Die Kellner wieselten herum, der Wirt, ein dünner, geradezu schüchtern wirkender Mann, zog alle paar Minuten

seine Runde durch das Lokal, das mit dicken Teppichen ausgelegt war, um vor jedem Tisch innezuhalten und sich zu
verneigen.

Wir saßen am unteren Ende des Saales, dort, wo eine tü-
renlose runde Öffnung in der Wand in ein kleines Extrazimmer führte, in das eine eigens dafür abgestellte Kellnerin alle
paar Augenblicke einen kurzen Blick warf. Wir saßen noch
nicht lange, da stürmten aus dem Separee drei Männer in
dunklen Anzügen heraus, ein kleiner, dicklicher voran und
zwei massige hintendrein, sie durchquerten das Lokal im
Laufschritt, und kaum dass sie es verlassen hatten, heulte
draußen der Motor eines schweren Geländewagens auf, der
sich rasch entfernte. Ein paar Minuten später kamen drei
weitere Männer aus dem Zimmer, sie trugen Aktentaschen
und schienen ein wenig zu zögern, als wüssten sie, bleich,
wie sie waren, nicht recht, was jetzt zu tun sei, und so schüt-
telten sie dem katzbuckelnden Wirt einer nach dem anderen
ratlos die Hand, ehe auch sie verschwanden. Die Kellner eil-
ten in das Extrazimmer und trugen die Teller und Platten,
randvoll mit Fisch und gegrilltem Fleisch und sämtlichen
Beilagen der südlichen Ukraine belegt, in die Küche zurück,
dann folgten all die geöffneten, nicht einmal halbgeleerten
Flaschen Champagner, Wein und Wodka. Wir gefielen uns
in der Vorstellung, eben Zeugen eines gravierenden Zwi-
schenfalls der Unterwelt von Odessa geworden zu sein, ohne
freilich die geringste Ahnung zu haben, worum es dabei gegangen war.

Vom ersten Tag an waren uns diese großen Geländewagen mit den abgedunkelten Fensterscheiben aufgefallen.
Die meisten Straßen von Odessa, das von der zaristischen
Obrigkeit spät gegründet und städtebaulich großzügig und
planmäßig angelegt wurde, sind breit, sie haben zu beiden

Seiten eine Reihe hoher Bäume, wunderbare Akazien oder auch Platanen, Kastanien, Linden, von denen es bis zu den Häusern noch einmal vier, fünf Meter sind, auf denen die Fußgänger ihrer Wege ziehen oder, was sie auch in den Vorstädten gerne tun, in kleinen Gruppen zusammenstehen und sich ein wenig verplaudern. Die großen Wägen mit den dunklen Scheiben bogen, wenn sich auf der Straße der Verkehr staute, mit quietschenden Reifen zwischen zwei Bäumen hindurch auf den Gehweg ein und rasten, hupend und mit Blendlicht, dort an der Kolonne vorbei. Mütter mit ihren Kinderwägen, alte Leute, die am Stock gingen, Erwachsene und Kinder, sie alle drückten sich dann rasch an die Hauswände, um das Auto vorbeisausen zu lassen, sie taten es mit der gebotenen Hast, aber geradezu gewohnheitsmäßig, nie habe ich einen gesehen, der dem Auto und seinen Insassen die Faust gezeigt oder sich laut über das Vorkommnis beschwert hätte. Polizisten, die den Verkehr sonst mit theatralischen Gebärden regelten, pflegten unbeirrt so lange in die andere Richtung zu schauen, bis sich diese Autos entfernt hatten und sich ihnen die Frage einer Amtshandlung nicht mehr stellte.

Möglich, dass einem dort, wo die Armut sichtbar ist, weil viele Leute ärmlich gekleidet sind, bloßfüßige Kinder in den Cafés betteln und nächtens Rudel streunender Hunde die Vorstadtstraßen entlanglaufen, der Reichtum stärker auffällt, ja, dass man ihn überschätzt. Aber ich war mir sicher, kaum je in einer Stadt so viele Range Rovers gesehen zu haben wie in Odessa. Was es mit ihnen auf sich hat, fragte ich einen jungen Mann, den wir auf einem Flohmarkt kennen gelernt hatten. Was ist mit diesen riesigen Wägen, deren Fahrer sich um keine Verkehrsregel scherten, die rücksichtslos auf Gehsteigen daherbrausten, ihr Gefährt in der Parkverbotszone oder mitunter direkt auf der Straße abstellten, um in der nächsten Trafik in aller Ruhe Zigaretten zu kaufen, und die offenbar niemand zu behelligen wagte? Ihr müsst auf die Autonummer schauen, nicht auf den Wagentyp, sagte Sergej, ein kräftiger Bursche in abgeschabter Lederjacke, mit einer Reihe geradezu schwarzer Zähne im Mund. Alle Nummern, die mit 777 enden, sind tabu – für jedermann, für jeden Polizisten, dem seine Karriere lieb ist, für jeden Bürger, der nicht mag, dass die Fenster seiner Wohnung mit Ziegelsteinen eingeworfen werden. Die Endnummer 777, erfuhren wir, war in jenen Jahren zwei Berufsgruppen vorbehalten, die alle Tage miteinander zu tun hatten: dem organisierten Verbrechen und der Staatsanwaltschaft. Sergej lachte verlegen, fast ein wenig beschämt, und so wie er lachten viele, die sich mit uns vor einem auf dem Gehsteig daherkommenden Wagen an die Hauswand geflüchtet hatten und dann irgendwie auf unser heftiges Kopfschütteln, auf unsere Flüche reagieren mussten. Es dauerte eine Weile, bis ich in ihren lächelnden Augen den Hass blitzen sah, die Revolte der Matrosen von 1905, die nicht vergessen werden, wie man mit ihnen verfuhr, und auf den Tag der Abrechnung warten.

Fast in jeder Straße Odessas gibt es ein Museum; keines von diesen architektonischen Meisterwerken, die als neue urbane Markenzeichen in die westlichen Metropolen gesetzt werden und deren Programm das Ubiquitäre ist, das allerorts Bekannte und Berühmte, das nur in stets leicht veränderter Gewichtung dargeboten wird. Einige der Museen von Odessa sind reich bestückt und in ansehnlichen alten Häusern untergebracht, andere verbergen sich mit ihren kargen, versehrten Schätzen, die vor der Vernichtung gerettet wurden und von den Jahren, den verschiedenen Epochen der Verfolgung zeugen, in vollgeräumten Wohnungen, in Hinterhöfen. Allein in der Lanzeronivska, die vom Hafen durch die Altstadt zum Stadtpark führt, habe ich vier Museen gezählt, ohne dass sie sich zu so etwas wie einer »Museumsmeile«, einem gesonderten Revier innerhalb einer lebendigen Stadt, gefügt hätten. Zwar litt gerade diese geschäftige Straße an der in ganz Odessa hemmungslosen Inbesitznahme des öffentlichen Raumes durch private Geschäftemacher, die ihre Regale, Tische, Stühle immer weiter aus ihren Geschäften und Lokalen auf die Straße hinaus stellten und so für eine überaus schäbige Möblierung der Innenstadt sorgten; und doch hatte die Lanzeronivska ihre prächtigen Abschnitte, und einer der schönsten lag ganz unten, fast am Meer. Dort fanden wir das Literaturmuseum, in dem, wer sich mit odessitischer Literatur – und dem Schicksal dieser Stadt – auseinandersetzen möchte, einen ganzen Urlaub verbringen könnte, in seinen zahlreichen Räumen und Kammern, die Briefe, Bücher, Manuskripte, Dokumente, Fotografien von über dreihundert Autoren ausstellen, übrigens auf geradezu sensationelle Weise unspektakulär und ganz frei von der Anmutung, den Gang durchs Museum zu einem modischen Parcours zu machen und auch das literarische Gedächtnis als Event aufzubereiten.

Ein paar Häuser weiter stießen wir auf das Archäologische Museum, das im Inneren beachtliche antike Schätze von diesseits und jenseits des Schwarzen Meeres hütete, vor dem Gebäude aber seltsamerweise mit einer Kopie der Laokoongruppe renommieren wollte, die in Rom im Vatikanischen Museum steht. Neben dem Archäologischen Museum kann man sich im »Museum der Schwarzmeerflotte« über die militärische Dimension einer Schifffahrt kundig machen, die doch vornehmlich dem Handel diente – wie Odessa, auf dem Boden einer alten türkischen oder tatarischen Feste errichtet, überhaupt die europäische Hafen- als internationale Handelsstadt schlechthin repräsentiert hat. Weiter heroben in der Lanzeronivska, dem Stadtpark zu, ist in einem Haus, in dem sich 1914 griechische Patrioten zu einer geheimen Organisation verbündeten, die nicht weniger als den Sturz des Osmanischen Reiches zum Ziele hatte, das kleine Museum eingerichtet, in dem die einst für Odessa so wichtige, heute aus ihr fast verschwundene griechische Bevölkerungsgruppe stolz an ihren Beitrag zum Gelingen des grandiosen Experimentes erinnert, jenes Experiments, das Odessa heißt.

Denn ein Experiment war es jedenfalls, 1794 eine Stadt aus dem Boden zu stampfen und die Angehörigen vieler Nationalitäten mit allerlei Privilegien – wie religiöser Freiheit und Befreiung von der Wehrpflicht für die ersten Generationen der Zuzügler – hierherzulocken. Die multinationale Stadt, deren unverwechselbare, ganz eigen geprägte urbane Kultur gegen Ende des 19. Jahrhunderts den russischen Nationalisten und später den Bolschewiki ein Gräuel war, weil sie Widerspenstigkeit verhieß, war durchaus nach dem Sinne ihrer Gründer gelungen. Die Stadt, die von Russen, Ukrainern, Juden, Bulgaren, Griechen, Deutschen, Polen, Briten, Türken, Armeniern, Moldawiern, Levantinern aus vielen Ländern und ungezählten anderen Nationalitäten bewohnt wurde, sie ist von Ausländern erbaut, errichtet, besiedelt worden. Erster Statthalter der Zarin – der französische Duc de Richelieu; erster Stadtplaner – ein Spanier aus Neapel, Josep de Ribas; der größte Mäzen – Grigori Marasli, ein Grieche; der aufgeklärteste Gouverneur – der russische Fürst Woronzow; die geometrische Struktur der Stadt mit ihren sich im rechten Winkel schneidenden Straßen – eine Erfindung des deutschen Ingenieurs Wolan, in die der italienische Architekt Boffo die ersten prächtigen Bauten setzte.

Die Puškinska ist eine langgezogene, reizvolle Straße, die vom Bahnhof ins Zentrum führt. Sie ist nach dem russischen Nationaldichter Alexander Puschkin benannt, der 1823 vom Zaren ins ferne Odessa verbannt wurde und sich, ein paar erboster brieflicher Wendungen gegen das Regiment des Fürsten Woronzow zum Trotz, hier so wohl und frei gefühlt hat, dass er später über die Stadt schrieb:

> *Der Himmel ist dort lange klar.*
> *Dort setzt ein reicher Handel*
> *geschäftig seine Segel;*
> *dort atmet alles europäische Atmosphäre,*
> *alles strahlt und schillert bunt*
> *in lebhafter südlicher Vielfalt.*
> *Die Sprache des goldenen Italien*
> *klingt über die fröhlichen Straßen,*
> *auf denen der stolze Slawe geht,*
> *der Franzose, Spanier, Armenier*
> *und der Grieche, der schwerfällige Moldawier,*
> *der Sohn ägyptischer Erde,*
> *der Korsar im Ruhestand ...*

Und ausgerechnet in der von alten Bäumen mit schweren, ausladenden Ästen gesäumten Straße, die nach Puschkin benannt ist, stieß ich auf jenes Museum, das mir das liebste von Odessa ist. Wo sonst in der Welt würde es ein »Museum für westeuropäische und orientalische Kunst« geben können? Zahlreich sind im Westen, zumal in den Ländern, die auf koloniale Traditionen zurückblicken und ihre musealen Bestände in kolonialen Raubzügen zusammengerafft haben, »orientalische Museen«. Und es wird, nehme ich an, auf anderen Kontinenten gewiss auch genügend Museen für »westeuropäische Kunst« geben. Einzig in Odessa aber ist der Orient so nah und so fern wie der Westen Europas, nur hier bezieht man sich gleichen Ranges auf die Kunst des Orients und die Westeuropas, alleine in dieser Stadt am Schwarzen Meer können Orient und Westeuropa als etwas gleichermaßen Vertrautes und Exotisches zusammen präsentiert werden. Im Namen, der diesem Museum gegeben wurde, legt Odessa sein Geheimnis offen zutage.

Zu den vielen Nationalitäten, die Odessa aufgebaut und ausgemacht haben, sind heute neue, andere getreten, Asiaten aus dem einstigen Sowjetreich und solche aus Malaysia, Korea, von den Philippinen, Araber, Schwarzafrikaner. Überall in der Stadt sind sie unübersehbar, aber am Pryvoz, dem großen Markt hinter dem Bahnhof, mit seinen riesigen Hallen, in die früher die Bauern aus den deutschen Dörfern rund um Odessa täglich ihr frisches Gemüse lieferten, findet man sie alle zusammen. Die Imbissbuden mit ihren Fischspeisen, dampfenden Suppen, in Strudel gewickelten Meeresfrüchten, mit frittierten und gesottenen Fischen schienen fest in den Händen von Koreanern und Malaien zu sein. Hinter den Verkaufsständen der nächsten Markthalle, auf denen sich die Säcke exotischer Gewürze stapelten, riefen wiederum vornehmlich Araber die vielen Vorbeiziehenden an, dass sie verweilen, ausprobieren, kaufen mögen. Am ehesten noch beim Gemüse, das mitsamt seinem Wurzelwerk und den Klumpen schwarzer Erde angeboten wurde, schienen sich die angestammten ukrainischen Bauern behauptet zu haben. Der Geruch im Pryvoz, hat man den ersten Schock

hinter sich und das instinktiv eingestellte Atmen wieder aufgenommen, ist überwältigend, und so wie ihm sind auch
dem unaufhörlichen Rauschen der Sprachen vielerlei Ingre-
dienzien beigemischt.

Die neuen Odessiten sind bereits dabei, das zu tun, was
auch von den Zuwanderern des 19. Jahrhunderts berichtet
wird, die Sprache der Stadt nämlich mit Wendungen aus den
eigenen, mitgebrachten Sprachen, mit anderen Betonun-
gen, grammatischen Unregelmäßigkeiten zu verändern. Natürlich ist Odessa heute eine Stadt in der Ukraine, aber auch
wenn manche meiner Freunde aus Kiew, Lwiw oder Iwano-
Frankiwsk es nicht gerne hören, es ist nicht nur eine ukrainische, sondern auch eine russische Stadt, keine sowjetische
mehr, aber eine, in der Russisch sowohl von vielen der ein-
gesessenen Bewohner als auch von manchen der neuen Zuzügler bevorzugt wird. Nach Jahrhunderten, in denen die
russische Obrigkeit und gerade auch deren kulturelle Elite
das Ukrainische verächtlich als Bauerndialekt diskreditiert
und administrativ unterdrückt hatten, war die Versuchung
groß, dass sich die Ukraine, aus dem Verband der Sowjet-
völker ausgeschieden und zum selbständigen Staat geworden, einen sprachpolitischen Nationalismus verordne. In
den neunziger Jahren kam es im Parlament in Kiew zu gro-
tesken Szenen, wenn sich Politiker gegenseitig auf Russisch
beschimpften, es an ukrainischem Patriotismus mangeln zu
lassen. Damals wurden behelfsmäßige Lehrbücher herausgegeben, in denen nicht zuletzt die politische Elite rasch
nachholen sollte, was ihr das sowjetische Schulsystem verweigert hatte, dass sie nämlich auch in intellektuellen Angelegenheiten und in Fragen von Staat und Verwaltung sich
des Ukrainischen zu bedienen wisse.

Das Ukrainische und das Russische, beides wird in Odessa freilich unüberhörbar mit dutzenden Akzenten ausgesprochen. Unter den neuen Odessiten gibt es sogar eine kleine lateinamerikanische Fraktion, gebildet von Menschen, die einst aus Kuba zum Studium in die Heimat aller Werktätigen geschickt wurden, und von Flüchtlingen, die den diversen Militärdiktaturen entrannen. Sie sind hiergeblieben, Odessiten geworden, verheiratet mit Töchtern und Söhnen der Stadt oder mit Remigranten, die aus Kasachstan, wohin ihre Großeltern deportiert worden waren, in die mythische Heimat zurückkehrten, oder mit Zuwanderern von irgendwo aus dem einstigen Imperium. Die Lateinamerikaner haben keinen eigenen Rayon, wie die Leute sich heute überhaupt weniger in ethnisch geprägte Viertel zurückzuziehen scheinen oder auf solche verwiesen werden, wie das früher für Odessa mit seinen jüdischen, italienischen, moldawischen, deutschen Vierteln typisch war. Darum ist die vul. Gavanna, die Havanna-Straße, in der sich das reizvolle »Heimatkundemuseum« befindet, auch nicht ihr Wohnrevier, sondern einer der wenigen städtischen Tribute an die sozialistische Völkerfreundschaft, die den Systemwechsel überstand.

Die meist politisch motivierte Umbenennung von Straßen ist in Odessa ein alter Brauch. Auf einem Stadtplan, den ich um ein paar Hrywnja bei einem der zahlreichen Buchtandler erstand, entdeckte ich gar eine Garibaldi-Straße, die wohl schon seit Jahrzehnten als Polskaya, als Polnische Straße, die Grecheskaya kreuzt, die früher wiederum nach Karl Liebknecht benannt war. Die Lateinamerikaner haben aber auch nicht in dem halb als Bar, halb als Restaurant geführten »Che« ihren Treff, in diesem Lokal in der eleganten Derybasivska traf sich vielmehr die Jeunesse dorée der Stadt, die sich auch in der neuen Ukraine bereits so geschichtsvergessen zeigte, dass die Einrichtung mit allerlei Devotionalien gleichermaßen dem Comandante Che und dem Präsidenten Kennedy huldigte, als stünden die beiden einträchtig für eine Zeit, in der das Leben noch romantisch und abenteuerlich war. Derybasivska (russisch: Deribassowskaja) heißt die Straße übrigens, weil sie dem legendären ersten Stadtplaner, den neapolitanischen Spanier de Ribas, gewidmet ist: Auf seine selbstbewusste Weise pflegte Odessa sich auch sprachlich schon immer anzueignen, was aus der Fremde kam ...

Odessa ist eine junge Stadt, sie ist es heute wieder nach den langen Jahrzehnten der Entvölkerung. So spät gegründet, war die Stadt im 19. Jahrhundert rasant gewachsen. Hundert Jahre nach ihrer Gründung zählte sie bereits 450 000 Einwohner, von denen wohl ein Drittel Juden waren, und vor dem Zweiten Weltkrieg war die Bevölkerung auf 600 000 angestiegen. Die Vernichtungspolitik der Nationalsozialisten hat einen entsetzlichen Blutzoll gefordert, und nach 1945 folgten gezielte Deportationen ganzer für widerspenstig oder national unzuverlässig geltender Bevölkerungsgruppen durch die stalinistische Obrigkeit. Odessa entvölkerte sich, aber es hat sich, dem Meer zugewandt, seinen weltoffenen Charakter auf rätselhafte Weise zu bewahren vermocht. Und jetzt war Odessa wieder voller Jugend, einer Jugend, in deren Gesichtern man fasziniert der Geschichte der alten und der neuen, der unaufhörlichen Migration nachspüren könnte.

Und doch, obwohl Odessa eine junge, eine auch historisch junge Stadt ist – der Literatur galt sie mit ihrem Charme, ihrer die Grenzen von Handel und Kriminalität fließend haltenden Geschäftigkeit immer schon als Stadt von gestern. Und Odessa ist ja eine Stadt der Literatur, mehr noch: ein literarischer Mythos wie in Mitteleuropa vielleicht nur eine andere Hafenstadt am Meer, Triest. Selbst Isaak Babel, der mit so harten Schnitten und in expressiven Farben arbeitete und in »Die Reiterarmee« das ungeschminkte Bild des Bürgerkriegs zeigte, fing seine Heimatstadt in seinen autobiographischen Erzählungen und den »Geschichten aus Odessa« in Miniaturen ein, die etwas bereits Verschwundenes zu bannen suchen, die Kaschemme einer düsteren Gasse, die Stimmung eines unwiederholbar vergangenen Tages, einen vom Sturm der Geschichte hinweggefegten Sozialcharakter ... Das junge Odessa schien seinen großen Autoren immer schon in der Gefahr zu sein, verloren zu gehen.

Als wir den Pryvoz verließen, nötigte uns eine alte Bäuerin, etwas von ihren verschrumpelten Paprika zu kosten, und als sie hörte, dass wir Deutsch sprachen, freute sie sich, ein wenig in ihrer schon fast vergessenen Muttersprache plaudern zu können. Sie musste selber lachen, als sie uns am Ende um eine merkwürdige Vermittlung bat, die ihr Leben spät noch einmal ins Glückliche wenden sollte. »Habt ihr nicht«, fragte sie, »einen alten Deutschen zum Heiraten für mich? Gerne übersiedle ich auch nach Deutschland, wenn er das will.«

Ein Mädchen namens Nadica

Eine österreichische
Weihnachtsgeschichte

Dies ist die Geschichte des serbischen Roma-Mädchens Nadica und wie es für den österreichischen Weihnachtsfrieden
sorgte, indem es krank wurde und sich in seine Abschie-
bung fügte. Damit die Zwölfjährige endlich in jene Slums
unweit von Belgrad expediert werden konnte, denen sie einst
mit Zeichen von schwerer Misshandlung entronnen war, haben viele Ämter und in diesen Ämtern viele Menschen zu-
sammenarbeiten müssen. Wird nämlich in einem Rechts-
staat eine unmündige Ausländerin, der ärztlich eine schwere Erkrankung attestiert wurde, dorthin verbracht, wo sie
nicht mehr zu Hause ist, dann geht das nicht einfach so, dass
der nächste Polizist sie sich schnappt und in den Zug setzt.
Nein, damit alles seine Ordnung habe, wenn Unrecht exe-
kutiert wird, gibt es Gesetze, deren Vollzug bald verschleppt,
bald beschleunigt werden kann.

Auch Nadica wurde, solange sie etwas zu fordern gehabt
hätte, von der Obrigkeit vergessen; erst als diese bemerkte,
dass ihr das Kind womöglich teuer fallen könnte, wurde es
amtlich wiederentdeckt, und von da an arbeiteten die Ins-

titutionen, denen es ein patriotisches Anliegen war, Nadica noch im Advent aus Österreich hinauszuschaffen, höchst effizient. Nein, das ist nicht richtig gesagt: Bei allem, was von Amts wegen geschieht, sind es keine anonymen Institutionen oder Apparate, die selbsttätig agieren, sondern Menschen, die sich entscheiden, das zu tun und jenes zu unterlassen, wenn auch nicht immer begeistert oder aus freien Stücken.

Nadica wurde in Österreich geboren, hat aber die meiste Zeit ihres Lebens in Serbien als Straßenkind oder bei ihrem Vater im Slum gelebt. Weil der sie allzu oft malträtierte, setzte sie alles daran, zu ihrer österreichischen Mutter zu gelangen, die ihr Leben als Prostituierte bestritt und deren zahlreiche Kinder auf verschiedene Heime verteilt sind. Als Nadica im Winter vor einem Jahr in Salzburg eintraf, kam sie zum ersten Mal in ihrem Leben in eine Schule. Dort wunderte sie sich anfangs, dass man hier nicht einfach aufstehen und durchs Haus gehen durfte, dann aber zeigte sie große Begabung, lernte rasch lesen und schreiben, überholte manchen, der schon Jahre zur Schule ging und brachte wirbelndes Leben in die Klasse.

Als sie schon bald nicht mehr bei ihrer Mutter bleiben konnte, wurde sie einer Wohngemeinschaft zugewiesen, in der Kinder aus desolaten Verhältnissen für kurze Frist aufgenommen werden, bis sich ein besserer Platz für sie gefunden hat. Aber für Nadica wurde kein besserer Platz gefunden, weil gar keiner gesucht wurde. Warum sollte sich, da doch alle mit Arbeit überlastet sind, jemand im Jugendamt die Mühe machen, für dieses Kind einen besseren Platz zu suchen? Da doch ungewiss war, ob es nicht, von der österreichischen Mutter verstoßen, ohnehin sein Aufenthaltsrecht in Österreich verlieren und in die liebende Obsorge ihres Vaters in Serbien zurückgegeben werde? So blieb sie über Monate in einem Haus, in dem sonst niemand lange bleibt, sah unzählige Kinder kommen und gehen und wurde darüber von wachsender Unruhe ergriffen.

Was sich zutrug, hat sich in Österreich zugetragen, es ist also von der Verwüstung zu sprechen, die ein paar Jahre mit »Sparmaßnahmen« und einer betriebswirtschaftlich konzipierten »Modernisierung« des Sozialwesens angerichtet haben.

Frohgemut behaupten jene, die diese Verwüstung propagieren, dass die soziale Hängematte eingerollt werden musste und über soziale Angelegenheiten endlich nicht mehr humanistische Träumer, sondern sachliche Verwalter zu befinden haben. Der Druck zu sparen, an Geld und Zeit, an Aufmerksamkeit und auch an Selbstreflexion, ist darüber so groß geworden, dass die Sozialeinrichtungen in ihrem Kern getroffen sind. Viele ihrer Mitarbeiter, die den Ingenieuren der Effizienz nicht parieren wollten, sind am Resignieren; andere fühlen sich nach und nach weniger für das zuständig, was ihren Beruf eigentlich ausmacht, für das Soziale, sondern für das andere, das ihnen seit einigen Jahren abverlangt wird, für das fortwährende Überprüfen von Ansprüchen, Leistungen, Klienten, Kollegen. Überall sind die so genannten Evaluierer tätig geworden, und damit wenigstens ihr eigener Arbeitsplatz außer Frage stehe, haben sie fortwährend Leistungen, auf die man verzichten, Kollegen, die man entlassen könnte, aufzuspüren. Die Mechanisierung der sozialen Tätigkeiten, die sie und ihre technokratischen Auftraggeber in der Verwaltung als strukturellen Fortschritt preisen, hat den privaten und staatlichen Dienstgebern Geld erspart und viele, die in sozialen Berufen tätig sind, demoralisiert.

Dies ist eine österreichische Geschichte, weil sie von demoralisierten, überforderten, enttäuschten, resignierten Österreichern handelt, die Besseres leisten wollten, als ihnen zu leisten gestattet wird. Ein Sozialarbeiter im Jugendamt hat eben viel zu viele Krisenkinder im Auge zu behalten und über sich einen Aufpasser, der scharf im Auge behält, ob da nicht jemand seine Arbeitszeit, die dem Magistrat gehört, für sinnlose Fälle vergeudet.

Und die betreuten Wohngemeinschaften? Es werden die Kinder, die dort hingebracht werden, immer schwieriger, und es werden die dienstlichen Vorschriften, nach denen zu arbeiten ist und vermeintlicher Erfolg definiert wird, immer starrer. Ist es da nicht verständlich, dass man sich Gedanken, Gefühle, Engagement bei jemandem ersparen zu dürfen glaubt, der womöglich gar nicht mehr lange unter den Österreichern leben darf? Es ist verständlich. Und es ist untragbar. Die soziale Verrohung ist von oben verfügt, aber sie schlägt durch bis in alle Verästelungen dessen, was einst das soziale System Österreichs war.

Nadica jedenfalls hat die Gleichgültigkeit nicht ertragen. Sie drehte durch und wurde in die Nervenklinik gebracht. Ihre Lehrerinnen aber mochten nicht hinnehmen, dass eine Schülerin einfach abhandenkommt. Und darum wurden sie lästig, wandten sich an Hilfsorganisationen – und beschleunigten ungewollt, was sie zu verhindern beabsichtigten: dass Nadica, die ihre Schülerin war, ein österreichisches Krankenhaus nur verlassen wird, um nach Serbien verschickt zu werden.

»Der Fall ist gelaufen«, mit dieser bürokratischen Auskunft verbat sich, zunehmend gereizt ob des hartnäckigen Interesses Unbefugter an seiner Patientin, der verantwortliche Spitalsarzt jede Einmischung. Und Nadica, die angeblich an einer Psychose litt, von der in der Schule niemand etwas gemerkt hatte, war ja tatsächlich zum aussichtslosen Fall geworden. Sie mochte das Bett nicht mehr verlassen und verlangte, zu ihrem Vater, dem sie einst so weit wie möglich davongelaufen war, zurückgebracht zu werden. Am Ende musste sie gar nicht abgeschoben werden, sie bat jetzt, Österreich verlassen zu dürfen.

Vom Krankenhaus wurde sie direkt zum Flughafen gebracht. Als Abschiedsgeschenk hatte sie von den Lehrerinnen möglichst viel Geld in kleinen Scheinen erbeten. Die eine Hälfte wollte sie dem jähzornigen Vater gleich bei der Begrüßung geben, um ihn friedlich zu stimmen, die andere nach und nach. Als Nadica am Flughafen ankam, war sie außer sich. Das Geld war ihr am Abend zuvor im Spital abgenommen und, damit es ihr nicht gestohlen werde, in einen Tresor gesperrt worden. Weil aber in unseren Krankenhäusern gespart werden muss, hatte sich der gestresste Pfleger beim Schichtwechsel erspart, davon auch seinen Kollegen Kunde zu geben. Und da man den Irren gerade in der Psychiatrie nicht zuhören und ihnen schon gar nichts glauben muss, mochte Nadica betteln, weinen, zetern: Ihr Geld erhielt sie nicht.

Am Ende hat sie es doch bekommen, eine Lehrerin ließ es mit dem Taxi aus der Klinik holen. Aber anstatt sich von ihren Schulfreundinnen und Schulfreunden, die zum Flughafen gekommen waren, in Ruhe verabschieden zu können, musste sie bis zur letzten Minute bangen, ob das Taxi auch rechtzeitig zurück sein werde. So hat man ihr auch noch den Abschied verpatzt; nicht aus Bösartigkeit, nein, nur aus jener Gleichgültigkeit, zu der Menschen abstumpfen, die demoralisiert sind.

Dann kam der große Moment. Nadica durfte zum ersten

Mal in ihrem Leben mit dem Flugzeug fliegen. Kälter kann ihr dort, wo sie hingebracht wurde, auch nicht sein. Jetzt ist sie endlich weg. Und in Österreich kann Weihnachten beginnen.

3
Voraus, zurück

Ein Reich, geeint im Hass

Die Donaumonarchie
auf dem Weg in den Krieg

Zwei Besucher im Reichsrat

1897 kommt der berühmteste amerikanische Schriftsteller nach Wien, wo er sich mehr als ein Jahr aufhalten und zum Liebling der guten Gesellschaft avancieren wird. Mark Twain füllte mit seinen Lesungen und Vorträgen die Säle, ließ sich von einem Empfang zum nächsten reichen und einmal auch in den Reichsrat führen. Dieses Erlebnis hat er in einer großen Reportage festgehalten, mit der er sein amerikanisches Publikum über die Wirren auf dem alten Kontinent unterrichten wollte und die unter dem Titel »Turbulente Tage in Österreich« erst nach fast 120 Jahren ins Deutsche übersetzt wurde. Bei dem, was sich in der Sitzung vom 28. bis zum 30. Oktober 1897 im österreichischen Parlament abspielte, verging dem vom jungen Karl Kraus in der *Fackel* verächtlich als »Humorgreis« begrüßten Mark Twain sein bewährtes Schmunzeln, und was er weniger amüsiert als schockiert verfasste, das war der Bericht aus einem Tollhaus.

Die nicht nur wegen ihrer Länge legendäre Sitzung hatte,

nachträglich gesehen, enorme historische Bedeutung, trat der Staat der Habsburger mit ihr doch in seine Phase der Agonie. Zur Debatte stand eigentlich der Finanzausgleich zwischen Ungarn und Österreich, das heißt die Frage, wie hoch sich das Königreich Ungarn an den gemeinsamen Staatsausgaben des Kaiserreiches zu beteiligen habe. Die Sitzung geriet jedoch zum Fanal, weil deutschnationale Politiker verschiedener Couleur ein Gesetz ganz anderer Art nicht hinnehmen wollten, nämlich jene Sprachenverordnung des Ministerpräsidenten Kasimir Badeni, die für Böhmen und Mähren neben dem Deutschen das Tschechische als Amtssprache vorsah. Damit die historisch ohnedies verspätete Verordnung auch in Zukunft nicht wirksam werde, bemühten sich zahlreiche Abgeordnete, die Finanzfrage Ungarns mit der neuen Regelung der Amtssprachen in Böhmen und Mähren zu verquicken. Diese politische Obstruktion, auch Dinge, die damit nicht das Geringste zu tun hatten, unheilvoll immer mit der ungeklärten Nationalitätenfrage zu verbinden, hat verhindert, dass die öffentlichen Angelegenheiten der Monarchie am Ende überhaupt noch sinnvoll verhandelt, geregelt oder gar verändert werden konnten.

Die parlamentarische Sitzung endete in einer stundenlangen Saalschlacht, in der der Präsident, David Ritter von Abrahamowicz, als »Polackenschädel« tituliert wurde. Seine Ordnungsrufe verhallten ungehört, weil national erregte Abgeordnete, kaum dass er sein Wort erhob, die Deckel ihrer Pulte auf diese knallen ließen. Der Tumult zeigte drastisch, dass es damals einzig der Hass aller auf alle war, der Parlament und Staat noch zusammenhielt. In jedem anderen Land, vermutete Twain, wäre nach einem dreitägigen Exzess wie diesem die Revolution ausgebrochen. In Österreich brach sie nicht aus, weil sich die vielen Nationalitäten in zahllosen Parteien und Fraktionen gegenüberstanden, von denen keine willens war, ein Bündnis mit anderen einzugehen.

Der Hass verband und trennte selbst die verschiedenen deutschnationalen und großdeutschen Gruppierungen, deren Propagandisten einander als »Judenknechte« zu beschimpfen pflegten. Verwundert nahm der amerikanische Besucher zur Kenntnis, dass es in der Mitte Europas ein Land gab, in dem Antisemiten Antisemiten vorzuhalten pflegten, verkappte Juden zu sein. Den geifernden Ritter von Schönerer, Urheber der Parole »Ohne Juda, ohne Rom bauen wir Germaniens Dom«, zischten seine christlichsozialen Gegner als »Schmul lieb Kohn« nieder, in Anspielung darauf, dass seine Ehefrau einen jüdischen Großvater namens Schmul Leeb Kohn gehabt haben soll. Der niederösterreichische Volkstribun, der auf den schönen germanischen Namen Bielohlawek hörte und den ewigen österreichischen Zitatenschatz um den Merkspruch »Wissenschaft is', was a Jud vom andern abschreibt« bereichert hat, eiferte sich gegen einen Kollegen mit dem Urteil: »Der Mann schändet das Deutschtum.«

Wer damals die österreichischen Volksvertreter waren? Lauter Aristokraten, Pfarrer, Kaufleute, Ladenbesitzer, Doktoren – völlig zerstritten, doch einig im Hass, den sie gegen die Juden empfanden; und von denen sie sich gegenseitig vorhielten, selbst welche zu sein. Zehn Jahre nach dem amerikanischen Autor wird ein junger, in Braunau geborener Arbeitsloser auf der Besuchertribüne des österreichischen Reichsrats sitzen. Und fasziniert beobachten, wie die Vertreter des Volkes, der Völker geifernd übereinander herfallen und vorsätzlich jedwede zivilisierte Übereinkunft außer Kraft setzen. Er ist in das österreichische Parlament wie in

eine Schule des Hasses gegangen und hat auch aus dieser
Schule seine eigenen Lehren gezogen, mit denen er Europa
in Schutt und Asche legen würde.

Der nationale Rausch

1906, acht Jahre nachdem Mark Twain schaudernd aus Wien
in die Vereinigten Staaten von Amerika zurückgekehrt war,
acht Jahre bevor der greise Kaiser Franz Joseph sich in einem
Maifest an seine Völker wenden würde, um diese in den
Krieg zu führen, veröffentlichte ein junger Rumäne eine in-
teressante Denkschrift. Aurel Popovici lebte damals als Student in Graz und hatte Eingang in die Kreise um den Thron-
folger Franz Ferdinand gefunden. Die Schrift, mit der er die
notorische Staatskrise beenden wollte, trug den Titel »Die
Vereinigten Staaten von Österreich« und legte ein detaillier-
tes Programm vor, wie die staatliche Struktur des Reiches se-
gensreich umgebaut werden könnte.

Die Monarchie der Habsburger war über die Jahrhun-
derte zu einem Reich vieler Nationen, Nationalitäten und
Nationalitätensplitter geworden, und jeder gewonnene Krieg
hatte der Zahl ihrer sprachlichen, ethnischen, religiösen
Gruppen neue hinzugefügt. Die Donaumonarchie war keine
Idylle gleichberechtigter Nationalitäten, die sich, eine bunte
Völkerfamilie, einträchtig um das Herrscherhaus scharten.
Aber sie war auch nicht jener »Völkerkerker«, als der sie an
ihrem Ende von ihren Feinden verdammt wurde. Tatsächlich
haben vor allem die kleinen und kleinsten Völkerschaften
diesen Staat geschätzt, weil er allein ihnen das Überleben inmitten größerer, mächtigerer Nationen garantierte, mit oft

erstaunlichen Rechten, die den damals noch nicht so genannten »Minderheiten« zugebilligt wurden.

Als überall in Europa die Nationen erwachten und sich zu
geschichtsmächtigen Kräften emanzipierten, wurde diese
nationale Vielfalt der Monarchie zu einem Problem, von
dem die allermeisten ihrer Staatsmänner wussten, dass es
sich im Lauf der Zeit immer weiter verschärfen werde und es
dennoch auf grundsätzliche Weise gar nicht zu lösen war.
Während sich im Westen, etwa in Frankreich, die eine große
französische Nation formierte, die sich die Bretonen, Provenzalen oder Okzitanen in den gemeinsamen Staat einverleibte und deren Sprachen und regionale Kulturen aus dem
öffentlichen Raum gewissermaßen in die Dörfer, die Häuser, die Familien zurückdrängte, war eine solche Lösung im
Staate der Habsburger völlig undenkbar. Überall im Reich
lebten die Nationen und Sprachgemeinschaften so durchmischt zusammen, dass national purifizierte Regionen nur
über ethnische Säuberungen oder massenweise Zwangsassimilation zu erreichen gewesen wären. Insbesondere seit
dem sogenannten Österreichisch-Ungarischen Ausgleich
von 1867, mit dem das Königreich Ungarn zur herrschenden Macht des einen Reichsteiles wurde, hat es in den ihr
zugefallenen Ländern zwar eine grobe Magyarisierung der
slowakischen, rumänischen oder kroatischen Untertanen
betrieben; aber so unnachsichtig die ungarischen Magnaten
dabei auch vorgingen, es hat doch nicht zu dem erwünschten Ergebnis geführt, sondern einen Nationalismus der Unterdrückten, Benachteiligten, Beleidigten geweckt, die ihrerseits nun jene Rechte verlangten, die bisher den Deutschösterreichern und den Ungarn allein vorbehalten gewesen
waren.

Es hat zahllose Versuche gegeben, eine vermeintlich

vernünftige, vorgeblich gerechte Neuordnung der Donaumonarchie nach dem Nationalitätenprinzip zu konzipieren. Selbst die prägenden Ideologen der jungen Nationen setzten dabei die längste Zeit noch auf eine Reform der habsburgischen Staatsstruktur, auf eine Zukunft innerhalb der Monarchie. Man darf nicht vergessen, dass nahezu alle slawischen Nationen ihre Geburtsstunde in Wien erlebten, als sich kaisertreue Gelehrte daranmachten, aus regionalen Dialekten verbindliche Schriftsprachen zu formen und Wörterbücher wie Grammatiken zu verfassen, und noch einer der Gründerväter der tschechischen Nation, František Palacký, hatte begeistert ausgerufen: »Gäbe es Österreich nicht, müsste man es erfinden.«

Aurel Popovici hat sich die Vereinigten Staaten von Österreich so schön als Föderalisierung der Monarchie ausgedacht und ist auf nicht weniger als fünfzehn selbständige Länder gekommen, die alle unter der gleichen Krone vereint bleiben, aber mit eigenen Parlamenten ausgestattet werden sollten. Aber auch sein originelles Konzept krankte daran, dass selbst diese fünfzehn Länder keine national homogenen Einheiten ergeben hätten, sondern fast überall kleine und größere Nationalitäten neben oder unter einer führenden Nation hätten leben müssen. So ist die Monarchie zerfallen, weil die Nationen, allen voran die Serben und ihnen folgend eine nach der anderen, statt in einem übernationalen Reich in eigenen Nationalstaaten leben wollten; paradoxerweise haben sie sich aber, als sie diese endlich hatten, alle erst recht in national gemischten Staaten wiedergefunden, in denen die alten Konflikte fortschwärten und in die nächste Katastrophe führten.

Österreich-Ungarn hat den Krieg mit dem Ultimatum und der nachfolgenden Kriegserklärung an Serbien begonnen und konnte sich dabei auf die vertraglich zugesicherte Rückendeckung des deutschen Kaiserreiches verlassen. Die Donaumonarchie trägt große Schuld an den Millionen Toten, die der Krieg forderte, aber auch am eigenen Untergang, den zu verhindern oder immerhin hinauszuschieben doch einer der Hauptgründe war, ihn überhaupt zu beginnen. Wie Österreich in diesen Krieg hineingeriet, hineinschlitterte, das ist ein Fall von politischem Defätismus, es war, wie ein Aperçu lautet, ein »Selbstmord aus Lebensangst«. Die Verantwortlichen, vor allem der greise Kaiser, dessen bald nach dem Zerfall der Donaumonarchie verklärte Rolle in Wahrheit kaum übler hätte sein können, wetteiferten darin, der Welt und sich selbst weiszumachen, dass der Krieg unausweichlich wie ein schicksalhaftes Naturereignis über sie alle verhängt worden sei.

Dem war natürlich nicht so, gleichwohl ist bemerkenswert, dass Studien amerikanischer und britischer Historiker, die traditionell eher das Versagen der österreichisch-ungarischen Seite anzuprangern pflegten, neuerdings die Gewichtung, was Schuld, Versäumnisse, Versagen betrifft, anders beurteilen. Der in England lehrende und lebende Australier Christopher Clark und der US-Amerikaner Timothy Snyder zeigten zuletzt erstaunlich viel Nachsicht, was die österreichische Politik in den Jahrzehnten vor dem Ersten Weltkrieg, ja sogar was die Kriegserklärung anbelangt. Das geradezu Kuriose an der Sache ist, dass heute kein seriöser Historiker zu sagen weiß, mit welcher klügeren Politik die Donaumonarchie, die in der zweiten Hälfte des 19. Jahrhunderts sichtlich ihrem Ende entgegentaumelte, hätte gerettet werden können; dass aber andrerseits auch kaum jemand mehr in der Propaganda von vorgestern denkt und diesen Untergang als historische Notwendigkeit, als unabdingbar für eine bessere Zukunft Europas begreift. Im Gegenteil, Snyder behauptete gar, die Donaumonarchie wäre in manchem demokratischer und liberaler gewesen als zur selben Zeit die Vereinigten Staaten von Amerika, und nachgerade zum Common Sense ist geworden, jene im Vergleich mit all den Staaten, die sie beerbten, viel besser wegkommen zu lassen, als das lange der Brauch war.

Noch über 1914 hinaus glaubten die späteren Gründerväter der tschechoslowakischen Republik, Beneš und Masaryk, es gelte den Tschechen und Slowaken keinen eigenen nationalen Staat, sondern innerhalb der Monarchie einen gleichberechtigten Status zu erkämpfen. Das heißt, selbst jene, die zu Protagonisten des Zerfalls wurden, sind lange dafür zu haben gewesen, auf die Entwicklung ihrer Nationen innerhalb des Reiches zu bauen. Aber wie hätte sich das tatsächlich machen lassen? Nehmen wir nur eine Region von vielen: In Triest kämpften die italienischen Irredentisten längst nicht mehr nur gegen die fernen Österreicher, sondern mit besonderer Aversion gegen die Slowenen, die im nahen Hinterland der Hafenstadt siedelten oder in diese als Hafenarbeiter und Dienstmädchen zogen. Damit Triest als Stadt mehrerer Völker der Monarchie erhalten geblieben wäre, hätte es einer rigorosen Gleichberechtigung aller dort lebenden Nationalitäten bedurft; genau das aber wollten die Italiener keineswegs, die das Joch der Österreicher ja nicht deswegen abzustreifen versuchten, um sich brüderlich einen gemeinsamen Staat mit den Slowenen zu teilen. Der Kampf gegen die Slowenen in der eigenen Stadt und in der ganzen

Region wurde vielmehr bis in die jüngste Vergangenheit geführt. Echte Gleichberechtigung zeichnet sich erst neuerdings ab, unter dem Schirm der Europäischen Union. Es ist, als hätte ein Staat, dessen Übernationalität höchst unvollkommen war, zuerst in teils brachiale Nationalstaaten zerfallen müssen, um diese später die Vorteile erkennen zu lassen, die eine andere, eine neue supranationale Einheit bietet.

Die Sehnsucht nach Erlösung

Das Grundproblem der Donaumonarchie war, dass selbst weitere Demokratisierung den inneren Zerfall nicht mehr aufhalten konnte, ja ihn sogar beschleunigte. Wo keine echte Klärung in Sicht war, und zwar nicht nur wegen der Dummheit der herrschenden Kräfte, prägte sich eine spezifische Form des politischen Agierens – oder eher des Nicht-Agierens – aus, das man als »Fortwursteln« bezeichnet hat. Es ist eine keineswegs simple Art, sich den Dingen zu stellen, indem man sich ihnen in Wahrheit nicht wirklich stellt, sondern sie mit pragmatischer Charakterlosigkeit hinausschiebt, von ihnen ablenkt, sie jedenfalls niemals grundsätzlich angeht. Man könnte sagen, dass die permanente Krise der Donaumonarchie schon fast ihr einziger Daseinsgrund geworden war und sie ihre Legitimität gerade noch aus ihr bezog. Erinnert das nicht ein wenig an die Europäische Union von heute – mit der die Verwandtschaft zur Donaumonarchie sonst nicht überbetont werden soll: dieses Regieren von Krisengipfel zu Krisengipfel, bei dem die größten Probleme gerade nicht angegangen, die echten Konflikte nicht ausgetragen werden?

Die Habsburger hatten eine erstaunliche Fertigkeit ausgebildet, zu regieren, indem sie fast nur mehr reagierten, und das dem Kaiser Franz Joseph zugeschriebene Bonmot »In meinem Reich geht die Krise nicht unter« fasst die Lage treffend. Die Krise ging nicht vorüber, weil sie das Überlebensprinzip der Monarchie geworden war und die jeweiligen Regierungen die einzige unbestrittene Aufgabe hatten, sich in der Krise, ja mittels ihrer zu behaupten.

Diese gewissermaßen staatstragende Lethargie konnte weder ewig gut gehen noch auf Dauer den Zuspruch gerade der feurigsten Geister finden. Und so tönt in dieser Endzeit Kakaniens nicht nur das Lob des Stillstands und das Lamento des Fortwurstelns auf; was sich zu seinem Wort meldet, schrill und verzweifelt, ist vielmehr ein Aktivismus, der kein anderes Ziel kennt, als mit all dem faulen Zauber endlich Schluss zu machen.

»Lassen wir Österreich doch in seinem eigenen Dreck verrecken«, hat der slowenische Nationaldichter Ivan Cankar kurz vor seinem frühen Tod geschrieben, und in seinem politischen Aufruf klang weniger die Begeisterung für einen Staat der Südslawen auf, zu dem sich die Serben, Kroaten und Slowenen vereinen – und in dem sie sich bald aufs Messer bekämpfen – würden; nein, aus Cankars Worten spricht die definitive Gewissheit, dass sich in Österreich-Ungarn die Dinge niemals mehr zum Besseren wenden würden. Eine merkwürdige Sehnsucht nach dem Ende von dem allen, von dem ewigen Zank um mickrige Reformen, die proklamiert, unter Druck zurückgezogen, wieder verkündet, neuerdings verhindert wurden, eine gefährliche Sehnsucht nach Erlösung ist in so vielen Zeugnissen aus den letzten Jahren und Monaten vor dem Krieg zu vernehmen, Zeugnissen von jungen Intellektuellen, die für die Unabhängigkeit ihrer unterdrückten Nationen kämpfen, Zeugnissen von alten Militär-schädeln, wie dem sinistren Chef des österreichischen Generalstabs, Franz Conrad von Hötzendorf, der aus der Misere des Staates, dem öden Frieden in nichts als den Krieg flüchten wollte und in seinem Tagebuch schrieb: »Was aber, wenn die Dinge anders kommen und sich alles im faulen Frieden fortschleppt …«

Der faule Frieden, das in seinem eigenen Dreck verrottende Reich: Am Ende war es der Krieg, der die Probleme lösen sollte, die zu lösen sich der Staat, die Gesellschaft, die Nationen, der Reichsrat, die Herrschenden und ihre Untertanen als unfähig erwiesen hatten.

Österreich-Ungarn, Jugoslawien, Europäische Union

Drei Einigungsversuche

Kaum war die österreichisch-ungarische Monarchie untergegangen – nein, sie ist ja gar nicht untergegangen, sondern
in einem verheerenden Krieg auseinandergebrochen –, begannen ihre schärfsten Kritiker ihr die schönsten Nekrologe
zu schreiben. Jahrzehntelang war von Böhmen bis nach Bos-
nien die stampfende Propaganda marschiert, die Monarchie
wäre ein einziger Völkerkerker, den es aufzusprengen gälte, damit all die Tschechen und Slowaken, die Polen und
Ukrainer, die Slowenen und Kroaten endlich die Freiheit sehen und ihre eigenen nationalen wie demokratischen Staatswesen gründen könnten. Danach las und hörte man es bald
anders, und je weniger die neuen Nationalstaaten in Wahrheit zuwege brachten, umso inniger wuchs die Sehnsucht
nach jenem europäischen Reich, dessen Mythos in Roma-
nen, Operetten, Filmen, Erinnerungen beschworen wurde.

Und heute wird der übernationalen Monarchie von bedeutenden angelsächsischen Historikern attestiert, dass sie,
wenn auch nicht schuldlos an seinem Ausbruch, so jeden-

falls nicht hauptverantwortlich war für den Ersten Weltkrieg. Man sollte es nicht übertreiben und die gar nicht milde Herrschaft der Habsburger verklären, als wäre jenes soziale Europa des Friedens und der Vielfalt, des fortwährenden kulturellen Austauschs über die nationalen Grenzen hinaus von ihr bereits verwirklicht oder überhaupt angestrebt worden. Gleichwohl, betrachtet man die verzweifelten Kämpfe um soziale Entwicklung, Rechtssicherheit, Demokratie, die in den aus der Monarchie herausgebrochenen Nationalstaaten oft erfolglos geführt wurden, ist die Frage naheliegend, ob das Vielvölkerreich tatsächlich prinzipiell unreformierbar war oder ob jene, die seinen Zerfall betrieben, dafür sorgten, dass es zu den nötigen Reformen erst gar nicht gekommen ist.

Die Nationen waren 1918 aus ihrem gemeinsamen Reich ausgebrochen, 1945 versuchten einige von ihnen am Balkan ein anderes übernationales Staatswesen zu errichten. Die Verwandtschaft der Sozialistischen Föderativen Republik Jugoslawien mit der österreichisch-ungarischen Monarchie ist nicht gerade eng, aber doch unübersehbar. Der Staat der Südslawen wurde aus sechs Republiken samt zwei autonomen Provinzen gebildet und hatte eine Art von nationaler Vielfalt in staatlicher und ideologischer Einheit zum Programm. Er hat in seinen letzten Jahren an gravierenden ökonomischen Problemen gelitten, aber von Anfang an auch damit zu kämpfen gehabt, dass der Egoismus der Teilrepubliken das fragile Gleichgewicht der Nationen stetig bedrohte und den gemeinsamen Staat vor ein Dilemma setzte: Versuchte er die Einheit zu stärken, neigte er zwangsläufig zu einer Art von Verordnungsdespotie, beließ er den einzelnen Republiken hingegen ihre Rechte, neigten sie dazu, diese exzessiv auszulegen und auszuleben und so, einig in ihrer Uneinigkeit, den gemeinsamen Staat zu schwächen. Wenn die Alternative aber heißt: Diktatur oder Zerfall, dann ist die schön ausgedachte Historie bereits dabei, ihre schlimmstmögliche Wendung zu nehmen. Am Ende waren in Jugoslawien alle der Auffassung, in einem »Völkerkerker« zu leben, der aufgesprengt werden müsse, damit sich die Nationen endlich frei entfalten und zu jener Souveränität zurückfinden könnten, die sie übrigens niemals besessen haben. Die Propaganda, die dem Krieg da wie dort vorausging, bestätigte die Angehörigen der jeweiligen Nationen in dem identitätsstiftenden Selbstbetrug, dass exklusiv sie selbst es wären, die von den anderen ausgenutzt und ausgebeutet, übervorteilt und überstimmt würden und es daher Zeit sei, die eigene Sache in die eigenen Hände zu nehmen, und sei es, um sich diese für die gerechte Sache blutig zu machen.

Kommt einem bekannt vor, oder? Die Kritik an einem ominösen Moloch der Bürokratie namens Brüssel, ja, an der Europäischen Union ist in sämtlichen Mitgliedsstaaten so populär geworden, als hätten das Parlament in Brüssel und die Union selbst mit diesen rein gar nichts zu tun; abgesehen davon natürlich, dass Brüssel unentwegt schändliche Direktiven erlässt und die Union in wichtigen Fragen nichts zustande bringt. Hört man, mit welch opportunistischer Verlogenheit Politiker aus ganz Europa die Schuld an allem, was ihnen selbst missrät, auf Brüssel schieben – wo doch ihre eigenen Parteimitglieder in Parlament und Kommission sitzen und mitentscheiden –, dann weiß man, dass das alte Programm, die Zentrale zu schädigen, um aus ihrem Versagen Profit zu schlagen, immer noch gilt. Die am meisten dafür tun, dass Europa zu keiner gemeinsamen Flüchtlingspolitik komme, werfen der Union am lautesten vor, dass sie angesichts der Flüchtlingskrise versage. Die im eigenen Haus sozialstaatliche Standards abgebaut und soziale Errungenschaften für überholt erklärt haben, klagen darüber, dass die Union der Konzerne dem kleinen Mann keinen Schutz gewähre. Schurken wie David Cameron oder Boris Johnson haben ungeniert gezeigt, dass sie um die Zukunft der Europäischen Union zu pokern bereit sind, wenn nur Aussicht besteht, dass sich dabei für sie ein mieser kleiner innenpolitischer Erfolg ausgeht. Überall in Europa, nicht zuletzt in Österreich, gibt es Parteien, die bei diesem Spiel gerne mithasardieren möchten, und Parteipolitiker, die ihr Geschäft damit betreiben, sich als Anti-Politiker zu präsentieren, die es der politischen Klasse im fernen Brüssel schon zeigen werden.

Die Europäische Union verdient Kritik aus vielerlei Gründen, aber immerhin, sie verdient sie, das heißt, sie ist es wert, dass man sie kritisch betrachte und zu verändern versuche. Es wäre unverantwortlich, Europa den neoliberalen Haudegen zu überlassen, die von europäischen Werten faseln, wenn sie nichts als ihren Mehrwert meinen. Unverzeihlich aber wäre es, dabei zuzusehen, wie die Union von gesinnungslosen Egomanen und nationalistischen Lumpen in Trümmer gelegt wird, sodass unsere Nachfahren dereinst in unseren zerknirschten Nekrologen davon lesen müssten, was wir verpatzt haben.

Der virtuelle Dorfplatz

Vom Überleben
der Gottschee im Internet

Ihren Kindern geben sie Namen wie Cathy, Linda oder Gregory, und auch die Familiennamen klingen schon ziemlich amerikanisch multikulturell: Gibson und Marongelli heißen sie oder Dillard, Enkvist, Arruda. Aber es gibt auch weitverzweigte Clans, die sich in der vierten Generation in Ohio, New York oder Pennsylvania Namen wie Pfreundschuh erhalten haben – Namen, die auch im Deutschen nicht gerade einfach auszusprechen sind. Wie viele es von ihnen gibt, wissen sie selbst nicht, 40 000 sagen die einen, bestimmt hunderttausend die anderen. Jedenfalls fühlen sie sich nicht nur als Amerikaner unter Amerikanern, sondern auf besondere Weise durch ihre Herkunft miteinander verbunden. Und seit einigen Jahren hat sich dieses Gefühl wieder verstärkt, darum gründen sie neuerdings viele Vereine, in denen die Lieder der alten Heimat gesungen werden, Sportclubs, in denen man nicht den amerikanischen Football, sondern den guten alten europäischen Soccer spielt, Volkstanzgruppen, Hilfsorganisationen. Vor allem aber haben sie ein Medium entdeckt, in dem sie ihre alte Heimat wieder zu Leben erwecken, ja neu entwerfen können. Die Rede ist vom Internet und den Gotscheer Deutschen.

Die Gottschee, das »Ländchen«, wie es liebevoll genannt wurde, ist ein Gebiet von rund 850 Quadratkilometern, das im Grenzland von Slowenien und Kroatien liegt. Über Jahrhunderte gehörte es zur Monarchie der Habsburger, die im 14. Jahrhundert den ungenutzten Urwald einem Grafen von Ortenburg zum Lehen gaben. Die Ortenburger begannen zügig mit der Kolonisierung, indem sie verarmte Bauern aus Osttirol und Kärnten, später auch aus Franken und Thüringen anwarben: Wer sein Stück Urwald rodete, bekam das Land zu eigen und war auch sonst ein freier Mensch. Sechshundert Jahre lang haben die Gottscheer gegen den großen Wald, die harten Winter, die heißen Sommer und gegen viele räuberische Grafen gekämpft, um ihr Ländchen zu kultivieren. Am Ende waren 171 Dörfer dem Urwald abgetrotzt, mit Weiden für das Vieh und blühenden Obsthainen.

Die Gottschee, so wissen es die Lieder, muss schlichtweg der schönste Platz auf Erden gewesen sein. Doch trug er selbst in den besten Zeiten nie so viel, dass seine Bewohner reich geworden wären. Schon im letzten Drittel des 19. Jahrhunderts wanderten daher aus jeder der kinderreichen Familien ein paar Söhne und Töchter übers Meer nach Amerika aus. Nach dem Ersten Weltkrieg, als die Region an das neu gegründete Königreich der Serben, Kroaten und Slowenen fiel, zogen ihnen noch einmal ganze Familien hinterher. Mehr als 26 000 Menschen lebten wohl nie im Ländchen, jetzt aber, bedrängt von einer nationalistischen Kulturpolitik, wurde es für die, die geblieben waren, schwierig. 1941 einigten sich Hitler und Mussolini, die eben den Balkan überfallen hatten, darauf, dass die Gottscheer »heim ins Reich« und jedenfalls unter deutsche Verwaltung kommen müssten, weil ein italienisches Protektorat über diesen Teil Sloweniens errichtet wurde, in dem außer slawischen Arbeitssklaven nur italienische Herrenmenschen leben sollten. Tausende Gottscheer wurden in einen anderen Teil des Balkans umgesiedelt, nur ein paar Hundert blieben zurück. Drei Jahre später, als die Partisanen gesiegt hatten, wurden sie alle, Umsiedler wie Dagebliebene, in Lager gepfercht und dann vertrieben. Sie waren Verlorene eines Krieges, in dem sie nichts anderes als ein Fähnchen auf einer Generalstabskarte waren, das von hier nach dort versetzt wurde.

Nach dem Zweiten Weltkrieg verschlug es sie in etliche Länder und verschiedene österreichische und deutsche Städte, wo sie es mitunter zu einigem Wohlstand brachten; als eigene Volksgruppe aber hatten die inzwischen weit verstreuten Gottscheer zu existieren aufgehört. Jetzt aber scheinen sie die Heimat wiedergefunden zu haben: im Internet. Wer sich dort auf die Suche nach der sagenhaften Gottschee begibt, wird fündig werden und auf eine Unzahl von Adressen, Verbindungen, Zusammenhänge stoßen. Die Heimat existiert nicht mehr, den größten Teil der Dörfer, die einst dem Urwald abgetrotzt wurden, hat sich dieser zurückgeholt. Die reale Gottschee ist verschwunden, aber als virtuelle Heimat ist sie im Internet wiederauferstanden. Die Gottscheer leben in vielen Ländern, ja auf verschiedenen Erdteilen, doch im Internet finden sie wieder zusammen.

Ein Abkömmling einer Gottscheer Familie, die schon seit über hundert Jahren in Amerika lebt, ein gewisser Helmuth W. Kump, hat im Internet ein »Gottscheer Plauderzimmer« eingerichtet. Jeden Samstagabend um 21 Uhr ist die Community eingeladen, sich via Internet über alles Mögliche zu unterhalten – über große Entfernungen und alle Grenzen hinweg. Da werden zwischen Pittsburgh, New York, Ohio und Albuquerque Nachrichten ausgetauscht und Verbindungen hergestellt, aber auch aus Deutschland oder Brasilien melden sich Leute, die mitplaudern wollen. »Plauderzimmer« ist eine gemütvolle Übersetzung von Chatroom und bezeichnet die Sache sehr genau, denn ums ziellose Plaudern geht es, nicht um die Übermittlung vorgegebener Botschaften und landsmannschaftlicher Angelegenheiten.

Da teilt ein stolzer Vater aus Pennsylvania mit: »Tommy has started kindergarten. He likes riding the bus and learning math.« Ein Vater aus Texas berichtet, dass Mary Ellen, die älteste der drei Töchter, nächsten Monat einen gewissen Eric Lindgren heiraten und alles für eine Riesenhochzeitsfeier vorbereitet werde. Und eine werdende Oma stellt gar das Bild ins Netz, das den ungeborenen Enkel im Bauch der Schwiegertochter zeigt: Das Einzige, was die stolzen Väter und die erwartungsfrohe Großmutter verbindet, ist die Tatsache, dass ihre Vorfahren vor über achtzig Jahren als junge Leute die Gottschee verließen, um in Amerika ihr Glück zu finden.

Die vielen Homepages, die Gottscheer Vereine, Organisationen, Familien mittlerweile im Internet betreiben, dienen natürlich auch dazu, familiengeschichtliche Informationen zu geben oder auf diesem Weg an solche heranzukommen. Die typische Homepage einer amerikanischen Gottscheer Familie bietet mindestens drei Kapitel: einen historischen Abriss, eine familiengeschichtliche Dokumentation und die Präsentation der amerikanischen Generationen der jeweiligen Familie. Der historische Abriss – wo liegt die Gottschee, was war sie? – wird meist aus irgendwelchen geschichtlichen Büchern oder Aufsätzen abgeschrieben und ist denkbar oberflächlich gehalten. Die Familiengeschichte wiederum, in der alle verfügbaren Daten bis hin zur Einwanderung in die Vereinigten Staaten aufgelistet werden, tendiert immer zu einer Art von Stammbaum. Ausdrücklich wird gebeten, dass sich mögliche Verwandte aus aller Welt melden, damit der Stammbaum in seinen Verzweigungen ergänzt werden könne. Dann stellt sich bei einer Familie Schweiger in New York ein junger Mann aus Michigan via E-Mail ein, dessen Mutter schon vor Jahren gestorben und der nun darauf gekommen ist, dass sein unbekannter Großvater mütterlicherseits ebenfalls Schweiger hieß und aus der Gottscheer Gemeinde Nesselthal stammte. Nun wird hin und her diskutiert, ob die Familie wieder ein Stückchen gewachsen ist oder der junge Mann anderswo weitersuchen muss, um familiären Anschluss zu finden; menschlichen Anschluss hat er jedenfalls gefunden, denn wenn er will, zählt er jetzt dazu, zur realen Gemeinde virtueller Gottscheer.

Begeisterung für Familiengeschichte ist im Einwanderungsland Amerika nichts Seltenes. Was die Gottscheer von den Iren, Deutschen, Italienern, Norwegern, Chinesen unterscheidet, von denen sich in den Vereinigten Staaten viele mit mythischen Vorfahren in Verbindung zu setzen trachten, ist die Tatsache, dass es die Gottschee nicht mehr gibt. Wohl gibt es noch eine Region, die heute auf slowenischen Landkarten als Kočevje firmiert, aber jene Welt, die den Gottscheern für sechshundert Jahre eine schwierige Heimat war, die es der Natur immer aufs Neue abzukämpfen und gegen begehrliche Obrigkeiten zu verteidigen galt, die gibt es nicht mehr. Im Unterschied zu den kalabrischen oder hessischen Dörfern, aus denen die Vorfahren der italienischen und deutschen Einwanderer gekommen sind, ist über die Dörfer der Gottschee wieder der Wald gewachsen, kein Gebäude hat sich erhalten, wie auch jene Sozietät selbst, die die Gottschee dargestellt hat, nicht mehr existiert. Darum kann die alte Welt nicht einfach wieder aufgesucht oder sentimental beschworen werden, sie muss vielmehr in der Erinnerung und im Entwurf geistig neu gebaut werden. Eben das geschieht im Internet.

Außer dem historischen Abriss und dem familiengeschichtlichen Exkurs bieten die meisten Gottscheer Homepages als ihr gewichtigstes Kapitel eine aktuelle Präsentation der jeweiligen Familie. Mit Fotos und Lebensläufen werden Menschen vorgestellt, die in den Vereinigten Staaten geboren wurden, weder Deutsch noch »Gottscheeberisch«, einen mittelhochdeutschen Dialekt, mehr sprechen und die sich dennoch weiterhin als Gottscheer fühlen.

Eine der größten Gottscheer Websites ist die der Familien Kump und Staudacher, denen die Familien Pfreundschuh und Tschem verschwägert sind. Die umfangreiche Photo Gallery ist dabei in vier Gruppen unterteilt, von denen die ersten drei den »kids«, »grownups« und erweiterten »families« gewidmet sind, die vierte jedoch dem Thema »airplanes«. Finden sich in den ersten drei Gruppen Fotos von Babys, Kleinkindern, Onkeln und Tanten, von Hochzeiten oder Jubiläen, wird ihnen in der vierten gleichrangig eine stattliche Sammlung von Flugzeugbildern zur Seite gestellt.

Aufnahmen von Flugzeugen im Familienalbum? Das mutet auf den ersten Blick seltsam an. Was sollen Aufnahmen von Boeings auf einer Website, die der Gottschee gewidmet ist? Wenn man sich eine Zeitlang durch die virtuelle Welt der real versunkenen Gottschee bewegt hat, begreift man aber, dass hier nicht Historiker ein geschichtliches Thema erörtern, sondern Abkömmlinge einer zerstörten Welt diese im Internet wiedererrichten wollen. Und früher am Dorfplatz hat man ja auch nicht nur über die politischen Ereignisse diskutiert, die das Dorf betrafen, sondern sich über die kleinen und großen Dinge des Lebens unterhalten und manchen Tratsch verbreitet. Nichts anderes ist das Internet für die Gottscheer, ein virtueller Dorfplatz, auf dem ein echtes Heimatgefühl entsteht, durch den Tratsch über Geburten, Hochzeiten, Begräbnisse und durch die stolze Präsentation von Hobbys wie dem Sammeln von Briefmarken oder Flugzeugbildern.

Gänzlich frei ist die Heimatsuche im Netz übrigens von jeder Deutschtümelei. Aus so großer geografischer wie zeitlicher Entfernung sind die einstigen Nationalitätenkämpfe der Donaumonarchie völlig unwichtig geworden. So finden sich im Gottscheer Plauderzimmer immer mehr amerikanische Slowenen, Kroaten und Italiener ein, um über eine historische Landschaft mitzureden, deren Anrainer ihre Vorfahren einst waren. Was früher heftig umkämpft und endlich zerstört wurde, jetzt wird es gemeinsam gefeiert. Im Internet kommen Leute zusammen, die etwas suchen, was es außerhalb ihrer Kommunikation nicht mehr gibt. Indem sie es suchen, erschaffen sie es neu.

Die Renaissance der Grenze

Fünf Variationen

1. Der Fluss

Im Frühling 2015, als sich so viele Flüchtlinge auf den Weg machten, stand ich am legendären Grenzfluss Pruth und wurde verhaftet, weil ich in den Verdacht geraten war, illegal in die Europäische Union einreisen zu wollen. Der Pruth hat seine Quelle in den ukrainischen Ostkarpaten, durchquert die historischen Landschaften der Bukowina und Bessarabiens und mündet nach eintausend Kilometern in die Donau, dort, wo diese schon in ihr riesiges Delta überzugehen beginnt und gemächlich dem Schwarzen Meer entgegenplätschert. Er bildete nicht immer eine Grenze, die gerade in diesem Teil Europas über die Jahrhunderte häufig verschoben wurde; seit Ende des Zweiten Weltkrieges aber trennte er die Sowjetrepublik Moldawien von der sozialistischen Volksrepublik Rumänien, und seit dem Beitritt Rumäniens zur EU wurde aus ihm somit eine Außengrenze der Union.

Ich war mit dem Fotografen Kurt Kaindl zwei Wochen in der Republica Moldova unterwegs gewesen und wir wollten das Land nicht verlassen, ohne den Pruth gesehen zu haben, über den so viele Gedichte geschrieben wurden, von rumänischen und ukrainischen, vor allem aber von jüdischen Autoren deutscher Sprache, die in Galizien, der Bukowina, Bessarabien gelebt hatten, ehe diese Regionen im zwanzigsten Jahrhundert zu Territorien des Völkermords wurden. Wir hatten uns auf der Landkarte für eine Stadt namens Leova entschieden und brauchten von der Hauptstadt Chişinău zwei, drei Stunden, bis wir unser Ziel erreichten, aber fürs Erste gar nicht fanden. Schon bei der Stadteinfahrt, wo die Trutzburgen des realen Sozialismus verfielen, war zu erkennen, dass Leova seine beste Zeit lange hinter sich hatte. Rätselhaft war, dass niemand, den wir nach dem Weg fragten, uns sagen konnte, wo es zum Fluss hinunterging. Die Leute redeten aufgeregt durcheinander, auf Rumänisch, Russisch, Ukrainisch, Bulgarisch, Gagausisch, aber ein jeder deutete in eine andere Richtung. Endlich ließen wir das Auto stehen und machten uns zu Fuß auf den Weg, gerieten in ein dichtes Wäldchen, stapften durch eine morastige Au, bis wir hinter mannshohem Gesträuch ein silbriges Band erblickten: den Pruth!

Als wir uns umwandten, schauten wir in die Läufe von acht Maschinengewehren. Die Gendarmerie, die Militärpolizei und eine Sondereinheit von Grenzschützern hatten von zwei Fremden gehört, die verdächtige Fragen stellten, und uns aufgespürt. Sie waren sich nicht sicher, ob wir Flüchtlinge oder Schlepper waren, die hier nach einer Furt suchten, um ihren Trupp am nächsten Tag illegal in die Europäische Union zu schleusen. Erschrocken sind wir erst eine Stunde später, als wir, von den anfangs so grimmigen Grenzwächtern kameradschaftlich verabschiedet, wieder in unserem Wagen saßen und Richtung Chişinău fuhren. Die Stunde aber, in der wir versuchten, ihnen zu erklären, wer wir seien und was wir hier wollten, und sie versuchten zu ermessen, ob wir damit gegen das europäische Grenzreglement verstießen, diese Stunde haben wir als europäische Posse erlebt. Denn wir waren nicht auf der rumänischen Seite des Flusses gestellt worden, also auf dem Gebiet der EU, sondern auf der Moldawiens, die zum anderen, zum abgewiesenen Europa gehört.

Um in Vorverhandlungen über Verhandlungen zum Beitritt in die Union eintreten zu können, hat die Republik Moldau ihre Grenze zu Rumänien aufrüsten müssen. Niemand sollte über Moldawien in die Union gelangen können. Das Land hat selbst überhaupt nichts davon, dass es für die Union den Grenzwächter gibt. Aber es muss ihn spielen, um mit der Union im Gespräch zu bleiben und ins Geschäft zu kommen, und es spielt ihn gewissenhaft. Überall in der Moldau rosten die industriellen und landwirtschaftlichen Maschinen dahin; einzig die Grenzwächter sind technologisch auf den Unionsstandard A1-plus gebracht worden.

Der Pruth fließt durch Regionen, die seit jeher von verfeindeten Großmächten umkämpft wurden, vom habsburgischen Österreich, zaristischen Russland, von den Osmanen. Jeder militärische Geländegewinn, jeder Friedensschluss hat die Grenzen verschoben, bald in die eine, bald in die andere Richtung, sodass ich von autoritär verfügten Wandergrenzen sprechen möchte. Solche gab es freilich auch in einigen anderen europäischen Regionen und selbst manche Städte wurden von ihnen aufgesprengt.

2. Von der Erfindung natürlicher Grenzen

In der Geographiestunde des Gymnasiums habe ich es noch so gelernt: Es gibt natürliche Grenzen, die den Herrschaftsbereich von Staaten markieren, und das sind Flüsse, die einstmals nicht so leicht zu überqueren waren, oder Gebirgskämme, die es erschwerten, von da nach dort zu gelangen. Dies lehrte uns merkwürdigerweise ein Professor, der uns zugleich die Überzeugung zu vermitteln trachtete, dass Südtirol einst nur durch grobes Unrecht von Österreich abgetrennt worden sei. Dabei konnten wir doch auf der großen Landkarte, die neben der Tafel hing, unschwer erkennen, dass zwischen Nordtirol und Südtirol ein mächtiger Kamm der Alpen, also eine vermeintlich natürliche Grenze lag.

Doch außer der Tatsache, dass diese Flüsse nicht erst von Menschenhand umgeleitet, diese Berge nicht mühsam Stein um Stein errichtet werden mussten, sondern schon vor den Menschen da waren, ist an den vorgeblich natürlichen Grenzen ohnedies nichts natürlich. Selbst die vorgeblich natürlichen Grenzen sind erfunden, sind künstlich gezogen, menschengemacht, aus Verabredung und Kampf hervorgegangen, auf Konvention und Gewalt gegründet, auch wenn sich ihr Verlauf an der Natur orientiert.

Ich vermute, dass gerade jene Grenzen, die für natürlich gelten, weil ein dramatisches Zeichen der Natur sie markiert, dem geschichtlich ausgeformten Leben dieser Räume besonders oft widersprechen. Denn das Leben zielt historisch schon früh darauf ab, die Hindernisse, die die Natur dem Menschen entgegenstellt, zu überwinden, sodass sich Gemeinschaften in ihrer wirtschaftlichen Existenz und in ihrer kulturellen Entfaltung selten allein an dieser Seite eines

Flusses oder nur im jenseitigen Schatten eines Berges ansiedeln, sondern, entgegen dem Gesetz der Trägheit, den Fluss überwinden, das Gebirge überqueren, durchstoßen, umwandern. Ob es sich um die Basken, Tiroler, Slowenen handelt, die großen Gebirgskämme waren ihnen nie die natürliche Grenze, über die sie sich auszudehnen scheuten, vielmehr Reiz, am Handel und Wandel zu beiden Seiten initiativ zu werden.

Man kann das gut gerade dort erkennen, wo die Besiedlung über die natürliche Grenze hinweg später durch politische Veränderungen wieder rückgängig gemacht wurde. Europa hat etliche sogennanter Doppelstädte, zwei davon haben mich besonders beeindruckt. Görlitz ist die östlichste deutsche Stadt, ein urbanes Schmuckstück, das an die viertausend Gebäude von der Renaissance bis zur Gründerzeit in einem perfekt restaurierten Ensemble der Altstadt vereint. Görlitz liegt an der Neiße, dem Fluss, dessen Verlauf seit 1945 die Grenze zwischen Deutschland und Polen bildet. Bis dahin wuchs Görlitz zu beiden Seiten der Neiße, seither gibt es das deutsche Görlitz im Westen, während die östlichen Viertel auf der anderen Seite des Flusses heute eine eigene polnische Stadt, Zgorzelec, bilden. Aus einer blühenden Stadt macht man nicht ungestraft einfach zwei, und solange sie eine zwar fließende, gleichwohl abgeriegelte Grenze trennte, erlitten beide Städte denn auch das gemeinsame Schicksal abgehängter Peripherien. Doch seit 1989 versuchen Einwohner von Görlitz wie von Zgorzelec das Ihre, die zwei Städte, wenn schon nicht staatlich, so doch im alltäglichen Leben wieder zu vereinen, und sie bezeichnen dieses Projekt interessanterweise als »Europastadt«. Inzwischen blühen beide Städte, die einst eine waren und daran sind, wieder eine zu werden, merklich auf, nicht nur sie, sondern auch ihr Hinterland in Sachsen wie in Polen. Ich bin noch durch fast keine Stadt an der Grenze gekommen, deren Einwohner es befürworteten, dass diese dicht gemacht werde oder werden solle. Wer an der Grenze lebt, hat ein vitales Interesse daran, dass sie offen oder immerhin durchlässig bleibe, für Menschen, Güter, Ideen.

Eine andere Stadt, zwei andere Städte: Auf halbem Weg zwischen Wien und Budapest breitete sich zu beiden Seiten der Donau in habsburgischen Zeiten die Stadt Komorn aus. Hier wurde der österreichische Komponist Franz Lehár geboren, hier wuchs der österreichische General und spätere Bundespräsident Theodor Körner auf, hier lebten zwei der großen ungarischen Schriftsteller, Mór Jókai, der im 19. Jahrhundert seine von einem romantischen Nationalbewusstsein getragenen historischen Romane schrieb, und Béla Zsolt, der die großen Verbrechen des zwanzigsten Jahrhunderts in beklemmenden autobiographischen Büchern bezeugte. Nach dem Ersten Weltkrieg fielen die am Nordufer der Donau gelegenen Viertel der Stadt an die Slowakei, die südlichen an Ungarn. Nach dem Zweiten Weltkrieg wiederum waren die Tschechoslowakei und Ungarn zwar kommunistische Bruderländer, aber die Mächtigen im Staat beider Länder taten nicht das Geringste, um die Grenze für die Bewohner der einst gemeinsamen Stadt zu öffnen. Beide Städte hatten daher bei weitem nicht mehr jene Bedeutung, wie sie einst jener einen Stadt zu beiden Seiten der Donau zukam.

Im September 2018 fand ich endlich Zeit, das slowakische Komárno und das ungarische Komárom zu besuchen. Auf der ungarischen Seite ging ich durch einen hübschen Ort, der pannonisch ländlich wirkte, in der Slowakei durch eine muntere Kleinstadt. Als ich die schmale eiserne Brücke überquert hatte, fand ich im slowakischen Komárno bald jene urbane Kuriosität, die zu sehen ich Halt gemacht hatte. Hier gibt es nämlich einen mitten in der Stadt gelegenen Platz, der von wenig Geschmack, aber viel europäischem Enthusiasmus zeugt, eine Art Minimundus der europäischen Metropolen. Vor zwanzig Jahren sind rund vierzig Häuser errichtet worden, von denen jedes in einem anderen nationalen Stil gebaut ist, sodass man von einem irischen Pub aus ziegelroten Backsteinen zu einem florentinischen Palazzo geht, zu einem Haus weiterschlendert, das wie als originale Kopie aus Brügge hierher übersiedelt wurde, und schließlich vor einer bunten rumänischen Stadtvilla steht. Häuser mit Giebeln und Häuser mit Uhrturm, mittelalterliches Fachwerk, nordische Sachlichkeit und balkanische Folklore wechseln einander ab: Das alles bietet auf einem Gebiet, kaum größer als ein Fußballfeld, der Europaplatz von Komárno.

Im slowakischen Komárno und im ungarischen Komárom haben sich die Leute nach den bitteren Erfahrungen von zwei, drei Generationen darauf verstanden, zum Nutzen aller dem nationalistischen Dünkel zu entsagen und sich zu jenem Europa zu bekennen, zu dem die Regierungen beider Staaten oft gemeinsam auf Distanz gehen, während sie ansonsten durchaus ihre nationalen Ressentiments gegeneinander befeuern. Der Friede von Komárno und Komárom wird regelmäßig nicht von ihren slowakischen und ungarischen Bewohnern gestört, sondern von den Regierungen in Bratislava und Budapest. Diese pflegen bei günstiger Gelegenheit an das schmachvolle Unrecht zu erinnern, das der einen von der anderen und der anderen von der einen Nation irgendwann einmal zugefügt worden ist, und hetzen die Bevölkerung auf, indem sie die eigene Nation zum Opfer der nationalistischen Großmannssucht des Nachbarn erklären.

3. Peripherie und Zentrum

Wenn ich behaupte, dass es keine natürlichen Grenzen gibt, soll das natürlich nicht heißen, dass die Grenzenlosigkeit der gleichsam natürliche Status von Menschen, Gruppen, Gemeinschaften wäre. Der Mensch ist in seiner körperlichen und geistigen Existenz gar nicht denkbar ohne Grenzen, die er physisch hat und auf die er psychisch angewiesen ist. Ohne das Wissen darum, wer ich jedenfalls nicht bin, kann ich nicht zu einem Bild meiner selbst gelangen. Wenn ich andererseits nur darauf aus bin, festzulegen, was und wer ich alles nicht bin, wird jenes Selbstbild armselig ausfallen und meine Existenz aufs Lächerlichste beschränken.

In der Frühzeit unserer Geschichte waren Clans und Stämme unablässig unterwegs, in Gebiete zu gelangen, die ihnen Nahrung boten und das Überleben gewährten. Stießen sie dabei auf andere, sind sie einander nur selten friedfertig als edle Wilde begegnet, die einander achteten und miteinander teilten, was ihnen die Natur zur Verfügung stellte. Die Regel waren Kämpfe, in denen sie einander zu vertreiben versuchten und der Stärkere den Schwächeren tötete oder unterwarf und, im günstigen Falle für die unterlegene Gruppe, deren Mitglieder in den eigenen Stamm aufnahm. Auf die Idee, das Lebensgebiet anderer Gruppen zu achten, also gewissermaßen eine Grenze zu respektieren, hinter der andere Menschen leben und das Recht haben, unbehelligt zu bleiben, ist die Menschheit nicht durch einen der Gattung innewohnenden Altruismus gekommen.

Die Grenzen, die nicht überschritten werden durften, entstanden dort, wo auf der anderen Seite ungefähr gleich starke Gruppen lebten und der Ausgang eines Waffenganges gegen sie zu ungewiss war, um ihn zu führen, oder selbst ein

Sieg womöglich zu wenig eingebracht haben würde, als dass es für ihn zu kämpfen gelohnt hätte. Das Gleichgewicht militärischer Stärke hat es nahegelegt, lieber Vereinbarungen zu treffen, und in diesen Vereinbarungen, die später zu Verträgen führten, liegt die Geburtsstunde territorialer Grenzen. Diese waren also ein zivilisatorischer Fortschritt.

Das zu wissen und anzuerkennen, heißt nicht, in den Grenzen von heute per se den Frieden sichernde oder gar stiftende Einrichtungen zu sehen. Betrachtet man die Entwicklung der Grenzen innerhalb Europas von der Ära des Kalten Krieges, als durch den Kontinent eine als Eiserner Vorhang bezeichnete hochmilitarisierte Grenze schnitt, bis heute, da alte, halb schon vergessen geglaubte Grenzen neu aufgerüstet werden, so fällt eine Gemeinsamkeit auf: Sie sind allesamt keine Erfindung der Menschen, die an der Grenze leben, sondern der Zentralen. Die Macht ist im Zentrum zu Hause, und sie sucht ihre Befugnisse gerade dort zu erweisen und zu erweitern, von wo sie am weitesten entfernt ist, an den Rändern, an der Peripherie. Die Grenze ist der äußerste territoriale Posten eines Staates, ist Peripherie schlechthin. An der Art der Grenze, die sie der Peripherie verordnet, erweist sich nicht nur die Macht, sondern auch der politische Charakter des Zentrums. Die Grenzregion selbst hat oft ganz andere Interessen als das Zentrum, ihren Menschen mag der Anwohner auf der anderen Seite von Tradition, Herkunft, Gewohnheit näher und in seiner Nähe auch ökonomisch wichtiger sein als die eigene ferne Metropole.

4. Die Wiederkehr der Grenze

1989 fiel die Berliner Mauer, Signum der Teilung Europas, aber sie war Stein für Stein noch gar nicht vollständig abgetragen, da wuchsen vielenorts schon neue bewehrte Anlagen, bis es nach der Jahrtausendwende zu einem regelrechten Boom an Grenzanlagen kam. 1989 gab es in Europa 16 der Berliner Mauer vergleichbare Befestigungen, heute sind es mehr als siebzig. Es handelt sich dabei nicht um eine europäische Spezialität, die Industrie, die das neue Mobiliar der Grenzen herstellt und verkauft, hat weltweit Konjunktur. Ihre Produkte sind vor allem Zäune und Mauern samt allem Zubehör wie Selbstschussanlagen oder Drohnen. Ist der Zaun aus hochqualitativem Stacheldraht, also rasiermesserscharf und sorgt er für tiefe Schnittwunden, heißt er übrigens tatsächlich »Nato-Draht«. Manche Zäune sind so ausgestattet, dass sie elektrisch geladen werden können, etwa der längste Zaun der Welt, der sich zwischen Indien und Bangladesch auf mehr als viertausend Kilometern zieht und die illegale Einwanderung von Bangladeschi verhindern soll. Zugleich aber dient die Abschottung nach außen der Aufrüstung der Gesellschaft im Inneren, mobilisiert doch der Hindu-Nationalismus neuerdings vor allem gegen die tatsächlichen oder vermeintlichen Feinde, die ethnischen und religiösen Minderheiten im eigenen Land.

Was wiederum die Mauern betrifft, die an der Grenze zu Mexiko zu bauen Donald Trump in seinem Wahlkampf 2016 versprochen hat, so haben sie, auch wenn sie sich noch immer im Stadium der Planung befinden, die Welt verändert. Zahllose Politiker anderer Länder und Kontinente, die die Ängste der Bürger schüren, um sich selbst als deren Retter aus größter Not anzubieten, haben sich an Trump ein Beispiel genommen und das Gefühl der Unsicherheit genützt, um rabiat eine Zwangsmaßnahme nach der anderen zu verlangen und oft genug auch durchzusetzen. Man erinnere sich daran, dass vor mehr als dreißig Jahren der amerikanische Präsident Ronald Reagan in Berlin ausgerufen hat: »Mr. Gorbachev, tear down this wall.« Trump hat in seinem Wahlkampf nicht nur versprochen, gegen Mexiko eine Mauer zu errichten, sondern seine Anhänger mehrfach zu johlender Begeisterung gebracht, indem er deklamierte: »This wall is beautiful, beautiful«, also eine Art Ästhetik der Mauer begründete.

2015 wurde die Republik Mazedonien, das heutige Nordmazedonien, von der Europäischen Union, darunter besonders stark engagiert Österreich, darauf verpflichtet, die Grenze gegen Griechenland bei Idomeni zu schließen. Tatsächlich wurde rasch eine Mauer hochgezogen, die militärische Präsenz massiv gesteigert, sodass binnen weniger Wochen 14 000 Menschen in einem improvisierten Camp vor der Grenze festsaßen. Die Mazedonier selbst hatten kein Interesse an dieser Grenze, denn kein Flüchtling wollte in ihrem Land verweilen, alle hatten vor, Mazedonien als Transitland zu nutzen und sich möglichst weit Richtung Mitteleuropa vorzukämpfen. Damit dies nicht geschehe, hat die Union einen Staat, der nicht Mitglied der Europäischen Union ist, Mazedonien, dazu genötigt, gegenüber einem Staat, der Mitglied der Union ist, Griechenland, eine unüberwindliche Grenzbefestigung auszubauen, damit aus dem einen EU-Land im Süden nicht Flüchtlinge in die weiter nördlich gelegenen Länder der Union gelangen. Die Lage in Idomeni verschärfte sich binnen kurzem so dramatisch, dass es sowohl von Seiten der Flüchtlinge als auch der mazedonischen Grenzschützer zu Ausbrüchen von exzessiver Gewalt kam.

Während Mazedonien angehalten war, ein Mitgliedsland der EU vom übrigen Territorium der EU mit einer Mauer auszusperren, wurde Mazedonien vom Flüchtlingshochkommissariat der Vereinten Nationen dafür getadelt, dass es diesem Auftrag mit so pflichtgetreuer Brutalität nachgekommen sei.

Ein weiteres Beispiel für die Renaissance der innereuropäischen Grenzen bietet Ungarn, das sich in der Flüchtlingskrise früh entschied, die Grenze gegen Serbien, später auch Kroatien mit einem Zaun zu sichern, und das einen solchen auch an der rumänischen Grenze zu errichten plant. Ich will gar nicht polemisch darauf eingehen, warum es einem Staat, in den seit Jahren, gemessen an der Einwohnerzahl, die größten Transferzahlungen der Union fließen, gestattet ist, sich obstruktiv jedweder gemeinsamen Migrationspolitik der Union zu widersetzen. Auffallend ist an der ungarischen Grenzpolitik jedoch dies: Sowohl in Rumänien als auch in Serbien leben hunderttausende Ungarn, denen Orbán – niemand weiß genau, wie viele Menschen die Zusage schon in Anspruch genommen haben – das Recht auf eine zweite, die ungarische Staatsbürgerschaft zugesprochen hat. Wie kann man einerseits gegen den Willen des serbischen und rumänischen Nachbarstaates eine hochgerüstete Grenze errichten und andrerseits den dort lebenden Angehörigen der eigenen Nationalität die Staatsbürgerschaft zuerkennen? Das ist Abenteurertum an und mit der Grenze, eine Politik des nationalistischen Spektakels.

Man stelle sich einmal vor, wie die österreichische Öffentlichkeit reagieren würde, kündigte die Regierung in Ljubljana an, dass alle Kärntner Slowenen zu ihrer österreichischen ab sofort mit der slowenischen Staatsbürgerschaft ausgestattet werden! Den Südtirolern hat Österreich umgekehrt eine solche zweite Staatsbürgerschaft zuletzt in Aussicht gestellt. Wenn es damit erst einmal losgeht, wird ein ziemliches Durcheinander von doppelten Staatsbürgerschaften entstehen, ist doch kaum einer der sogenannten Nationalstaaten national tatsächlich homogen, vielmehr haben die meisten ihre alten und neuen Minderheiten. Und deswegen wäre es klüger, statt auf viele doppelte Staatsbürgerschaften auf die eine, die europäische Staatsbürgerschaft zu setzen.

Wie auch immer! Mauern und Zäune zwischen zwei Staaten werden kaum je im Einverständnis oder gar durch die Zusammenarbeit beider errichtet. Es ist stets die eine Seite, die ihr Territorium mit einer Mauer sichern möchte, während die andere sich durch diese ausgesperrt, abgewiesen, hinter die Mauer, den Zaun, die bewehrte Grenze versetzt fühlt.

5. Was tun?

Wer mir bis hierher gefolgt ist, wird sich vielleicht fragen, wohin diese große Abschweifung über Flüsse, geteilte Städte, natürliche Grenzen, über die Schönheit von Mauern und Zäunen führt? Ich muss gestehen, dass auch ich die Lösung der Flüchtlingskrise und die Antwort auf die zukünftige Entwicklung der weltweiten Migration nicht parat habe. Denn ich bin zwar davon überzeugt, dass wir den politisch, religiös, wegen ihrer ethnischen Zugehörigkeit, sexuellen Orientierung Verfolgten und auch den aus purer Not Geflüchteten beistehen, sie unterstützen, ihnen Asyl gewähren und ihnen die Integration, die wir von ihnen verlangen, erleichtern und nicht fahrlässig oder aus vorsätzlicher Bosheit erschweren sollen. Ich bin aber zugleich weit davon entfernt, deswegen die Migration selbst kulturell zu verklären. Und ich stimme dem Migrationsforscher Klaus J. Bade nicht zu, wenn er in seinem sehr lesenswerten Buch »Europa in Bewegung« salopp dekretiert: »Wanderungen gehören zur Conditio humana wie Geburt, Fortpflanzung, Krankheit oder Tod.«

Natürlich ist richtig, dass die Menschheit seit jeher in Bewegung war und es auch keinerlei kulturellen, sozialen, wirtschaftlichen Fortschritt gegeben hätte, wenn die Horden der Frühzeit auf ihrem Fleck verharrt wären oder auch später Menschen nicht immer wieder ihre alte Heimat verlassen hätten, um sich irgendwo in der Fremde eine neue zu suchen. Von der unaufhörlichen Wanderung erzählen schon die alten Mythen, sie erzählen aber – drastisch genug – auch davon, dass es seit jeher Krieg, Unterdrückung, Verfolgung, Elend waren, die die Menschen aufbrechen ließen, nein, zum Aufbruch zwangen. Wer die Migration als den wahren Daseinsmodus der Menschen feiert, der hält in Wahrheit, ob er es merkt oder nicht, auch den Krieg und krasse soziale Ungleichheit für das dem Menschen aufgegebene Schicksal. Und er übersieht, dass die heute vielgepriesene, ja verlangte Mobilität zumeist aufgezwungen wurde und wird.

Was sind die Ursachen dafür, dass heute Abermillionen von dort aufbrechen, wo sie aufgewachsen sind, aber keine Zukunft für sich und die Ihren mehr sehen? Es sind immer wieder: der Krieg, politische Unterdrückung, religiöse Verfolgung, soziale Verelendung. Neue Faktoren kommen hinzu und werden die große Wanderung weiter befeuern, namentlich die Klimaerwärmung. In Europa, habe ich manchmal den Eindruck, gibt es bald nur mehr auf der einen Seite die von Angst und Wut Erfüllten, die gegen die vermeintliche Stürmung unseres Kontinents mobilmachen wollen, und sei es, dass sie damit die Grundlagen jener Zivilisation, die sie zu verteidigen behaupten, zu zerstören bereit sind; und auf der anderen Seite jene in ihre moralische Entrüstung geradezu verliebten Kritiker, die Europa gewohnheitsmäßig für alles Elend der Welt verantwortlich machen. Nein, wir sind nicht an allem Schuld, aber wir sind, gerade in der Ära der Globalisierung, an fast allem beteiligt und in fast alles involviert.

In vielen Krisenstaaten Afrikas, des Nahen und des Mittleren Ostens mag für medizinische Versorgung, schulische Bildung, ja oft für die Ernährung der eigenen Bevölkerung kein Geld da sein, aber die zahllosen Kriegsparteien verfügen immer über genügend Waffen, die sie um teures Geld auch bei uns in Europa erstehen. Gnadenlosen Despoten wie Saddam Hussein, Muammar al-Gaddafi oder Baschar al-Assad – wenn denn auch er gestürzt worden wäre – brauchen wir keine Träne nachzuweinen; aber es waren militärische und geheimdienstliche Interventionen westlicher Mächte, die aus grausamen regionalen Konflikten verheerende Flächenbrände machten und ein ganzes Staatensystem haben zusammenkrachen lassen. Die Misswirtschaft und Korruption, die über so viele Menschen schier auswegloses Elend verhängt, hat viele lokale, sozusagen hausgemachte Gründe. Aber wie soll mancher afrikanische Staat aufkommen, wenn seine ohnedies fragile Landwirtschaft dadurch ruiniert wird, dass die USA und die Europäische Union den Kontinent mit Produkten fluten, die so hoch subventioniert werden, dass sie billiger sind, als sie afrikanische Bauern oder Unternehmer je anbieten könnten?

Solange sich die Lebensverhältnisse von Hunderten Millionen nicht verbessern, werden in den Jahren, die kommen, nicht weniger, sondern mehr Menschen bereit sein, sich selbst bei Gefahr des eigenen Lebens in die Länder des Wohlstands aufzumachen. Und kein militärisch noch so aufgerüstetes, kein technologisch noch so perfektioniertes System der Grenzsicherung wird sie davon abhalten können, es zu versuchen.

Der Westen, der Osten

Es stimmt, der Westen Europas hat am Osten schon einmal mehr Freude gehabt als jetzt. Etwa 1989, als die Bürger zwischen Sofia, Tallinn und Prag aufbegehrten und es nicht länger hinnehmen wollten, dass ihre Staaten unter sowjetische Kuratel gestellt waren. Das hat vielen bei uns so gut gefallen, dass sie von der Heimkehr des Ostens nach Europa zu schwärmen begannen. Wo hatten die Rumänen und Bulgaren, die Tschechen und Polen, die sich nun auf dem Weg zurück nach Europa befanden, denn vorher gelebt – in Asien? Nein, als Wunschbild und Wahnvorstellung war »Europa« stets kleiner und größer zugleich als der Kontinent, der diesen Namen trägt. Und der eine Teil Europas, der sich nach 1945 als »Westen« zu bezeichnen und mit Demokratie, sozialer Marktwirtschaft, Freiheit zu identifizieren begann, hat sich bereits lange vorher für das ganze und wahre Europa gehalten.

Es ist eine prägende Konstante unserer Geschichte, dass dieses Europa seiner Prinzipien, Werte, Eigenheiten nur innewerden kann, wenn es eine Gegenwelt findet oder erfindet, die ihm fremd und gefährlich oder so bedauernswert rückständig erscheint, dass sie zum Objekt paternalistischer Unterstützung taugt. Dass sich unser Europa selbst erschafft, indem es zugleich ein Anti-Europa entwirft, daran ist übrigens nichts Verwerfliches: Um zu einem Bewusstsein seiner selbst zu gelangen, muss man tatsächlich auch erkennen und erspüren, was man alles nicht ist. Dieses Anti-Europa wurde im Lauf der Jahrhunderte religiös, kulturell, politisch häufig anders definiert, und auch der Verlauf der Grenzen mochte sich im Einzelnen ändern. Immer aber schnitten sie durch den Kontinent selbst, und unser Europa, das sich nacheinander als Abendland, als Reich der Rechtgläubigen, der Aufklärung, des bürgerlichen Fortschritts, der Herrenmenschen, der überlegenen Ökonomie, der Demokratie empfand, hat das andere Europa gewissermaßen in ein Asien der ewigen Rückständigkeit verwiesen.

1989 jedoch waren die Osteuropäer willkommen, und bald stand, um aus den glücklichen Veränderungen eine dauerhafte Konstellation zu formen, als konkretes Ziel die Osterweiterung der Europäischen Union an; diese war eher eine Westerweiterung, ging es doch darum, dass der Westen seinen Wirtschaftsraum tief in den Osten hin erweitere und dort auch seine rechtsstaatliche Verfassung und liberale Kultur etabliere. Das ließ sich der Westen einiges kosten, sodass für alle möglichen – darunter viele niemals verwirklichte – Projekte enorme Summen in die ost- und mitteleuropäischen Staaten transferiert wurden; im Gegenzug konnten umgekehrt westliche Firmen, kleine, mittlere, große und die ganz großen Konzerne und Banken im neuen Wirtschaftsraum gewaltige Gewinne einstreifen. Mit der Zollfreihandelszone, die so entstand, schien für manche fast das glückselige Ende der Geschichte gekommen zu sein, das auf der anderen Seite des Atlantiks gerade ein bald von der Realität widerlegter Politikwissenschaftler ausgerufen hatte. Lange wurden im Jubel über die Erfolgsbilanzen daher die Verluste kleingeredet, mit denen jene erkauft waren, etwa die reale Verarmung, ja Entvölkerung ganzer Regionen im Osten. Paradoxerweise waren es erst die Flüchtlinge von außerhalb Europas, die die Widersprüche innerhalb Europas schlagend ans Licht brachten.

Seither hat der düstere Mythos des Ostens eine erstaunliche Wiedergeburt erfahren oder besser: erlitten. Fast wie früher scheint er im Westen als monolithischer Block wahrgenommen zu werden, in dem sich homophobe, verstockt unaufgeklärte Nationalisten gegen das europäische Einigungswerk verschwören und, indem sie selbst in ihre Rückständigkeit zurückfallen, drauf und dran sind, ganz Europa in den Abgrund zu reißen. Und es ist ja tatsächlich blamabel, wenn ausgerechnet Länder wie Polen oder Ungarn, die periodisch Abertausende ihrer Bürger zu politischen Flüchtlingen oder Wirtschaftsemigranten machten, nun ihre Grenzen schließen – jetzt, wo es einmal in ihrer Geschichte darum geht, dass sie Menschen nicht verjagen, sondern aufnehmen sollen.

Dennoch ist es falsch, borniert und gefährlich, den Osten zu dämonisieren und die Vielzahl seiner Länder zu einem Block zusammenzufassen. Falsch ist es, weil von Bulgarien bis Litauen eben keine Allianz der Nationalisten besteht, selbst wenn in den einzelnen Staaten ähnliche Probleme ähnliche Politiker hervorgebracht haben, deren Nationalismus in der Regel darauf zielt, die soziale Frage zu ethnisieren. Wie das übrigens auch im Westen von rabiaten wie moderaten Politikern getan wird. Sieht man von Ungarn ab, wo der aggressiv nach innen wirkende Nationalismus erschreckend große Teile der Gesellschaft zur Hetzmasse deformiert hat, haben sich die Bevölkerungen der ost- und mitteleuropäischen Länder keineswegs gleichschalten lassen.

Borniert ist die Dämonisierung, weil es von selbstgefäl-liger Realitätsverweigerung zeugt, die Gefährder der Union gewohnheitsmäßig in den kleinen, wirtschaftlich schwachen Ländern des Ostens zu suchen, statt dort, wo sie ebenso zu finden sind, nämlich im Westen. Ich meine hier gar nicht Parteiführer wie Marine Le Pen oder wie sie alle heißen, die vorgeben, Europa zu schützen, indem sie verächtlich ma-chen, was unseren Kontinent gerade auszeichnet; vielmehr denke ich an jene Gewinnler von selbst verursachten Krisen, die beim politischen Hochamt gerne die europäischen Werte beschwören, aber im strategisch geführten Kampf um den Profit alles dafür tun, dass aus der Wirtschafts- nur ja keine Sozialunion werde.

Gefährlich schließlich ist der Affekt, sich selbst zu erhö-hen, indem man den anderen in die moralische Nichtigkeit hinabdrückt, weil mit ihm der Zerfall der Union gewiss nicht aufgehalten werden kann. Der Wunsch vieler Osteuropäer, endlich einmal Herr im eigenen Haus zu sein, ist zwar his-torisch überholt, weil der Nationalstaat ihre Probleme nicht mehr zu lösen vermag, aber er ist vor dem Hintergrund ihrer historischen Erfahrungen auch nicht ganz unverständlich. Man sollte ihm nicht selbstgefällig mit dem Dünkel west-licher Überlegenheit begegnen, zumal gilt: Auch der Osten hat schon einmal mehr Grund gehabt, sich des Westens zu erfreuen.

Wien in fünfzig Jahren

Die Syrer waren schon einmal da. Vor fast fünfhundert Jahren erschien in Wien der »Lobspruch auf die Stadt Wien in Österreich«, ein begeistertes Buch in 1600 Knittelversen, dessen Verfasser gar nicht genug rühmen konnte, was er alle Tage in der österreichischen Hauptstadt zu sehen – und zu hören bekam. Auf den Straßen welcher anderen Stadt werde Deutsch, Italienisch, Spanisch, Französisch, Tschechisch, Ungarisch, Slowenisch, Holländisch, Türkisch, Hebräisch, Griechisch, Lateinisch – und Syrisch gesprochen als in Wien, wo so viele Völker lebten und das Leben besser sei als überall sonst auf dem Erdenrund? Der dies schrieb, ein österreichischer Patriot, wie es nicht selten gerade die Zuzügler wurden, hieß Wolfgang Schmeltzl, war katholischer Geistlicher, Schulmeister am Schottengymnasium und stammte aus der Oberpfalz. Lange ehe die Staaten sich eine nationale Fassung gaben, ja, die Nationen sich selbst als solche entwarfen und gegeneinander abzugrenzen begannen, hat er »Wien in Österreich« gepriesen, weil es eine echte Welt-Stadt war, eine Stadt, in die Menschen aus aller Welt zogen, um dort zu bleiben und Wiener zu werden.

Die Monarchie der Habsburger hat sich von ihrer Staatsideologie her als übernational verstanden; die politische Realität war freilich oft eine andere, und insbesondere nach dem Österreichisch-Ungarischen Ausgleich von 1867 versuchten die ungarischen Magnaten die nationale Herrschaft über die eine Reichshälfte und die »Deutschösterreicher« die über die andere zu erlangen und zu verfestigen. Dennoch vermochten sich viele der beherrschten Nationalitäten ihr kulturelles Selbstbewusstsein und ihre Sprache zu bewahren, und darum blieben auch alle Nachfolgestaaten der Monarchie, was ihre vermeintliche ethnische Homogenität betraf, in Wahrheit Flickenteppiche.

Auf die Republik Österreich ist die habsburgische Völkervielfalt unter anderem in Gestalt von sechs Volksgruppen überkommen, die heute staatlich anerkannt sind. Ich erwähne sie namentlich, weil mich periodische Überprüfungen im Bekanntenkreis lehren, dass selbst die meisten Österreicher die österreichischen Volksgruppen nicht vollzählig zu benennen vermögen. Es handelt sich um die burgenländischen Kroaten, die burgenländischen Ungarn, die Kärntner Slowenen, die steirischen Slowenen, die Tschechen und Slowaken sowie die Roma, die als letzte der Volksgruppen 1993 durch einen gemeinsamen Beschluss aller Parlamentsparteien als solche anerkannt wurden.

Das Epitheton, das aus diesen ganz verschiedenen Gruppen »österreichische Volksgruppen« macht, lautet autochthon, was heißt, dass es sich bei ihnen um angestammte, schon lange in Österreich angesiedelte Gruppen handelt: also gewissermaßen um Einheimische, die nur eben eine andere nationale Herkunft und eine andere Muttersprache als die Mehrheit haben. Deswegen steht es ihnen zu, dass ihre Sprache auch in der Schule unterrichtet und vor Amt anerkannt werde und sich sogar auf zweisprachigen Ortstafeln zu finden habe. Es hat beschämend lang gedauert, bis diese Rechte nicht nur zugesichert, sondern auch tatsächlich durchgesetzt wurden. Inzwischen sind die rabiaten Deutschnationalen, die etwa den Slowenen in Kärnten so lange das Recht bestritten, Slowenen und trotzdem Österreicher zu sein, jedoch selbst in Minderheit geraten.

Alle diese Volks*gruppen* haben ein gemeinsames Problem: dass sie zwar endlich anerkannt sind, aber trotzdem nach und nach ihr *Volk* verlieren. Dies mag man bedauern und beklagen und mit dem Zwang der Assimilation, dem sie so lange ausgesetzt waren, und den Verlockungen der Assimilation, die gerade heute groß sind, in Verbindung bringen. Dennoch darf man den Prozess, dass Menschen nach und nach die Nationalität wechseln, aus der einen in eine andere hineinwachsen, nicht immer nur unter nationalen Vorzeichen als Verrat oder Verlust begreifen. Den Wechsel der Nationalität hat es immer gegeben und er steht jedem als Recht zu; er kann den Einzelnen in seinen Begabungen fördern, in seinen Ambitionen beflügeln und Gesellschaften in jederlei Hinsicht bereichern.

Die altösterreichischen Volksgruppen sind heute vielen als schöne Zeugen der einstigen Größe Österreichs durchaus lieb. Gleichwohl ist ein merkwürdiger Widerspruch zu konstatieren: Während die autochthonen, also einheimischen Nationalitäten langsam dahinschwinden, werden mitten unter uns die Nationen und Nationalitäten immer mehr, die in Österreich keineswegs autochthon oder angestammt sind. Offiziell geben rund 25 000 Kärntner und Steirer Slowenisch als ihre Muttersprache an; aber selbst wenn es vermutlich mehr als doppelt so viele sind, leben heute in Österreich bereits fünf Mal so viele Menschen, deren Muttersprache Türkisch ist – Migranten, die noch die türkische oder bereits die österreichische Staatsbürgerschaft besitzen.

Burgenlandkroaten soll es – man darf den Zahlen nicht trauen und sie schon gar nicht als Richtschnur nehmen, wie viel Respekt man ihnen, ihrer Kultur und Sprache entgegenzubringen hat –, noch rund 20 000 geben; über ganz Österreich verteilt leben jedoch viel mehr Menschen, die sich als Kroaten fühlen, aber ohne jeden Bezug zum Burgenland sind und deren Sprache auch keine der spezifischen Eigenheiten des alten Burgenlandkroatisch aufweist. Rechnet man die wohl 300 000 Serben und vielleicht 100 000 Bosnier hinzu, dann leben heute 25 Mal so viele Migranten aus dem zerfallenen Jugoslawien in Österreich, als es noch ehrwürdige Nachfahren der einst im 16. Jahrhundert ins Burgenland zugezogenen Kroaten gibt.

Ich weiß, das alles klingt ungebührlich statistisch. Wenn wir uns jedoch vorzustellen versuchen, wie sich Österreich bis 2025 oder 2075 entwickeln könnte, müssen wir uns auch mit Dingen wie Demografie und Sprachenvielfalt, mit der Zuwanderung neuer und dem allmählichen Schwinden alter Bevölkerungsgruppen auseinandersetzen. Man braucht keine prophetischen Fähigkeiten zu besitzen, um vorauszusagen, dass die uns vertrauten autochthonen Minderheiten im Vergleich zu jenen Gruppen, die in Österreich allochthon, also nicht einheimisch, sondern aus anderen Regionen zugewandert sind, eine immer geringere Rolle spielen werden. Die globale Völkerwanderung bringt Menschen aus Gebieten zu uns, von denen die längste Zeit in Österreich versprengt nur einzelne als Exoten bestaunte und akzeptierte Zuwanderer lebten, und diese Menschen stammen nicht mehr von den Rändern der einstigen Monarchie, nicht aus den Staaten des in sich zusammengestürzten Ostblocks, nicht aus Europa, sondern aus Asien, Afrika, dem Orient.

Das führt zu einer sozialpsychologisch interessanten

und politisch folgenreichen Veränderung unserer Wahrnehmung. Waren früher die Polen, die während der kommunistischen Ära als politische Flüchtlinge und nach der Öffnung als sogenannte Wirtschaftsflüchtlinge nach Österreich strömten, als »Polacken« noch übel beleumundet, wären sie uns heute im Vergleich zu den Afghanen, Tschetschenen, Arabern durchaus recht. Die größte Aufwertung erfahren gerade die Serben, auf die vormals das verächtliche Wort von den »Tschuschen« gemünzt wurde und von denen eben der erste, sich ausdrücklich zur serbischen Community bekennende Vertreter dabei ist, in den Wiener Gemeinderat einzuziehen, notabene als Bezirksrat der Freiheitlichen Partei. Nemanja Damnjanović ist bemerkenswerterweise kein Migrant der zweiten Generation, er wurde vielmehr noch selbst im serbischen Kragujevac geboren und hat sich in seinen politischen Äußerungen stets unmissverständlich nicht nur als Parteigänger der Freiheitlichen, sondern auch als Repräsentant »unserer Leute«, der Serben in Österreich, positioniert. Vor zwanzig Jahren schürte die Freiheitliche Partei noch mit derselben Wut, mit der sie heute über Flüchtlinge aus außereuropäischen Ländern hetzt, die Angst vor den Flüchtlingen der jugoslawischen Zerfallskriege. Über die jäh erwachte Liebe der Freiheitlichen zu den als »orthodoxe Christen« gerühmten Serben könnte man vielerlei sagen; aber ganz ohne Polemik gilt es den Sachverhalt selber festzuhalten, dass sich in Österreich die nationale Bestimmung des »Fremden« verändert. Der »Tschusch« von gestern ist selbst für die Freiheitlichen schon zum Österreicher von heute geworden, wie auch der »Polacke« inzwischen längst als guter Christ und fleißiger Europäer durchgeht. Eine ähnliche Aufwertung haben die Bulgaren, Rumänen, Moldawier noch nicht erfahren, aber das kommt schon noch.

Mehr Menschen als aus der europäischen Nähe werden in den nächsten Jahrzehnten als Flüchtlinge, Vertriebene, Arbeitsmigranten aus der außereuropäischen Ferne zu uns kommen. Auch wenn es bei den meisten von ihnen islamische Regierungen oder Bewegungen waren, die aus ihrer Heimat eine Hölle machten, werden sie in ihrem geistigen Gepäck trotzdem einen mehr oder wenig eng ausgelegten und ausgelebten Islam mit sich bringen. In der veränderten Welt werden auch sie sich verändern, aber wer darauf setzt, dass sie sich binnen kurzem einem wie auch immer »europäisch« definierten Reformislam zuwenden und aus freien Stücken liberale Anliegen verfechten werden, die auch in Österreich erst nach langen Auseinandersetzungen gesellschaftlicher Konsens wurden, der macht sich etwas vor. Es ist dies, nebenbei bemerkt, gar keine vorwiegend religiöse Frage, zumal die verfolgten Christen Arabiens ihren muslimischen Nachbarn, Freunden und Bedrückern kulturell viel näherstehen, als wir meinen, und, was die Gleichberechtigung der Geschlechter oder die Homosexualität betrifft, eher deren als unsere Überzeugungen teilen.

Die moderne Gesellschaft entfaltet einen gewaltigen Sog zur Vereinheitlichung, erschafft aber auf der anderen Seite auch eine reale Ungleichzeitigkeit der Entwicklungen: Die Wissenschaften erklären uns die Zusammenhänge des Lebens immer präziser, zugleich wächst die Zahl der Leute, die empfänglich sind für esoterisches Zeug und Verschwörungstheorien. Die Tierfabriken werden größer und größer, zugleich gibt es immer mehr Vegetarier und Veganer. Die Leute wohnen im selben Haus, aber auf verschiedenen Planeten.

Österreich, ein alter Flickenteppich, wird wieder bunter, aber damit nicht wie von selber schon besser werden. Die

Ungleichzeitigkeit innerhalb derselben Region, derselben Stadt wird mit den neuen Zuwanderern stärker werden und viele alltagskulturelle Bereiche erfassen. Ich sage das, ohne in Panik zu verfallen, aber auch ohne darüber in Euphorie zu geraten. Es steht weder die Islamisierung Österreichs bevor noch die Arabisierung der Europäischen Union. Aber nur Einfaltspinsel, die es sich gemütlich in der Überzeugung eingerichtet haben, dass Österreich der Hort alles Bösen und Blöden und jedenfalls der Urgrund ihres Unglücks wäre, können davon ausgehen, dass mit den Zuwanderern aus dem nahen und fernen Osten schon die fröhliche Idylle der Vielfalt bei uns Einzug hielte. Sie träumen von einer postnationalen Gesellschaft, weil sie meinen, in dieser endlich von ihrem Leiden an Österreich erlöst zu werden. Aber das Bornierte, Dumpfe und Enge in der eigenen Gesellschaft kann einem nicht durch die Zuwanderung von Menschen anderer Nationalität, Sprache, Religion mit ihren eigenen Beschränktheiten ausgetrieben werden; ihre zivilisatorische Entwicklung und Selbstbefreiung muss eine Gesellschaft schon aus Eigenem zuwege bringen.

Im Übrigen sind die Dinge stets in ihrem Fluss, sodass vieles, was uns lange fremd war, seine Bedrohlichkeit verlieren und Teil von uns selber werden kann. Auch das ist von vornherein weder gut noch schlecht. Man kann sich nämlich an den Verfall demokratischer Errungenschaften gewöhnen oder daran, dass auch andere Lebensformen als die eigene ihre Berechtigung haben mögen; man kann sich opportunistisch damit arrangieren, dass bestimmte gesellschaftliche Standards, zu denen die Ächtung des Antisemitismus und die Gleichberechtigung der Geschlechter gehört, nicht für alle in Österreich lebenden Menschen gelten müssen, oder sich für eine weltoffene Gesellschaft engagieren, die auch Diversität verträgt. Im Guten wie im Schlechten sind es jedoch die Österreicher von heute, von denen abhängt, wie das Österreich von morgen mit seinen neuen Gruppen von Zuwanderern aussehen wird.

Exil in der Milchstraße

Wer es vorher nicht wusste, musste es spätestens am 21. Juli 1969 erkannt haben, als Neil Armstrong seine ersten vorsichtigen Schritte in die Wüste des Monds setzte und die Bilder davon im Fernsehen zu sehen waren: erkennen, dass die Erde kein unwirtlicher Ort ist, steinig, staubig und kahl wie ihr Trabant, sondern die wunderbare gemeinsame Heimat der Menschheit. Gesegnet mit einer schier unglaublichen Vielfalt an pflanzlichem und tierischem Leben und voller Reichtümer, die es allen Erdenbürgern ermöglichen könnten, ein Leben frei von Bedrängnis zu führen, erstrahlte die Erde, vom kalten Weltall aus besehen, für die ergriffenen Astronauten als »blauer Planet«. In den bald fünfzig Jahren seither sind die Ozeane weiter verschmutzt, riesige Flächen des Regenwalds zerstört und unfassbare Mengen an Giften in die Luft geblasen worden oder in die Böden versickert. Und erst all die Kriege, von denen kein Jahr frei war, das angehäufte Arsenal atomarer Waffen, der Klimawandel ... Ach, es gibt so vieles zu preisen an unserer Erde und gerade deshalb so vieles zu beklagen!

Sind die sozialen Utopien einmal als vermeintliche Hirngespinste abgetan, blühen irrwitzige Hirngespinste als technologische Utopien auf. Vor einigen Wochen ließ der berühmte wie bewundernswerte Astrophysiker Stephen Hawking verlauten, die Menschheit möge sich darauf einstellen, ihren Heimatplaneten in hundert Jahren zu räumen. Warum? Weil die Umweltverschmutzung bis dahin aus ihm einen unbewohnbaren Ort gemacht haben werde, weil irgendwann irgendwo aus der atomaren Bedrohung ein Ernstfall geworden sein wird, weil die gewohnheitsmäßige Überdosierung mit Antibiotika uns schutzlos Viren und Krankheiten ausliefert, die wir noch gar nicht kennen, weil die Erderwärmung den ganzen Planeten überhitzt ... Kurz, weil die Erde ökologisch so gründlich ruiniert sein wird, dass sie nicht mehr dazu taugt, ihren Bewohnern das Überleben zu sichern.

Ich empfehle, die Gedanken eines der bedeutendsten Naturwissenschaftler unserer Zeit nicht aus seinem Geist der Apokalypse, sondern mit abwägender Skepsis zu bedenken: Alle technische Intelligenz, das gesamte unermessliche Vermögen der Welt, jedwede militärische und zivile Forschung, alles, was die Menschen an wissenschaftlicher Leistung und sozialer Anstrengung aufzubieten vermögen, müsse laut Hawking dafür eingesetzt werden, den Exodus der Menschheit von dem Planeten, der ihr zugeteilt wurde oder zugefallen ist, zu bewerkstelligen. Was für eine unvorstellbare Anstrengung, Milliarden Menschen auf ferne Planeten und dort in künstlich hergestellte Biotope zu verfrachten, wo sie neue Zivilisationen begründen sollen!

Wäre es nicht wesentlich einfacher und sinnvoller, so viel Hirnschmalz und Herzblut statt für die Abwanderung von unserem Planeten für das Verbleiben auf diesem einzusetzen? Hawking hat offenbar die Hoffnung längst aufgegeben, dass die Menschen ihren sensationellen Erfindergeist, ihre kühne Phantasie und ihre Vernunft auch dafür nutzen könnten, die Erde nicht weiter wie bisher zu traktieren, sondern dafür zu sorgen, dass sie bewohnbar bleibe, mehr noch, jener Ort werde, der für alle genug zu bieten hätte. Das Allerschwierigste kann der geniale Naturwissenschaftler sich vorstellen – neue Lebensräume für die Erdenbewohner in den Weiten des Alls zu erschaffen; das Naheliegende zieht er hingegen gar nicht mehr in Betracht – dass nämlich niemand uns zwingt, uns selbst zu vertreiben. Lieber in die Weiten des Alls aufbrechen und die Wüsten des Mars kultivieren, als unsere sozialen Verhältnisse so zu gestalten, dass wir das All getrost weiterhin von der Erde aus betrachten können.

Hawking steht mit seiner Obsession, die Apokalypse ließe sich einzig technologisch noch abwenden, keineswegs alleine. Es scheint sogar ein bevorzugtes Hobby einiger Milliardäre geworden zu sein, ein wenig von dem Geld, das sie mit der Zerstörung der Erde verdienen, in die Forschung nach neuem Lebensraum im Nirgendwo des Universums zu stecken. Seitdem auch Jeff Bezos in die Eroberung des Alls eingestiegen ist, kann man ermessen, dass es dabei nicht nur um die Rettung der Menschheit geht, sondern auch darum, mit dieser einen Haufen Geld zu verdienen. Denn Bezos, der sein immenses Vermögen durchaus nicht der Humanisierung der Welt verdankt, hat bei seinen Unternehmungen rein kommerzielle Ziele im Auge. Was er mit seiner schon im Jahr 2000 gegründeten Firma »Blue Origin« anstrebt, das ist eine Art von Tourismus für die Allerreichsten, die sich nicht mehr nach den unberührten exotischen Regionen auf Erden sehnen, sondern zum Mond, um diesen herum und wieder zurück gebracht werden wollen. Damit der extraterrestrische Amazon-Versanddienst tatsächlich profitabel funktioniere, ist es allerdings nötig, einen neuen Typus von

Rakete zu entwickeln, die nicht nur einmal verwendet werden kann, und deswegen steckt Bezos gewaltige Summen in die für nachhaltig erklärte Technologie eines wiederverwertbaren Raketensystems.

Mit ungleich höheren Ansprüchen als er geht es Elon Musk an, der charismatische Gründer zahlloser Firmen im Silicon Valley, der mit seinem Weltraumprogramm SpaceX bereits in nächster Zeit ein paar Leute, denen der Kitzel nach solchen Reisen steht, zum Mond und wieder zurück befördern möchte. Längst aber plant er, den Mars als Destination in sein Programm aufzunehmen, zu dem die Reise freilich viele Monate dauert. Aber auch der Mars ist ihm nur eine Zwischenstation und der Tourismus nur das Einstiegsgeschäft. Was er, die triste ökologische Situation auf Erden vor Augen, anstrebt, ist nichts anderes, als unser ganzes Sonnensystem auszukundschaften nach Planeten und deren Monden, auf denen sich die aus ihrem Heimatplaneten exilierte Menschheit dereinst werde niederlassen können. Da drängt sich dem Liebhaber der alten Mutter Erde die Frage auf: Wie lange werden die Exilierten brauchen, um ihre neuen Planeten zu zerstören? Denn der Geist, der zu deren Kolonisierung ruft, ist ja derselbe, der zum Untergang des unseren führt.

4
Lesen und Schreiben

Ein Lehrer

Albumblatt für Dr. Joseph Guth

Er hieß Guth und war mein bester Lehrer. Er brauchte lange, sich zu diesem zu entwickeln, und ich brauchte lange, ihn als diesen zu erkennen. Er ungefähr sechs Jahre und ich noch ein paar Wochen mehr. Bis dahin haben wir einander nichts geschenkt, manchmal heftig miteinander gehadert, um nicht zu sagen aneinander gelitten. Es fing damit an, dass mir der Mann, der in der ersten Klasse des Gymnasiums den Klassenraum betrat, nicht ganz geheuer war, wuchtig ausschreitend, wie er zur Tafel trat, auf diese mit quietschender Kreide den Namen Dr. Joseph Guth schrieb, hinter dem Katheder Platz nahm und, mit dröhnender Stimme die Namen der Schüler verlesend, einen jeden von uns ein paar Sekunden ins Auge fasste. Das also war unser Professor im Schulfach Deutsch! Einen Deutschlehrer kannte ich schon von zuhause, unterrichtete mein Vater doch ebendieses Fach an einem Oberstufengymnasium für Mädchen, das verächtlich als Knödelakademie bezeichnet wurde. Mein Deutschlehrer zuhause konnte launisch sein und pflegte Eigenheiten, mit denen manche schwer, andere besser auskamen und vermutlich keiner so gut wie ich. Stur und ungerecht konnte er sein, aber nicht pedantisch oder streng. Und die Geschichten, die er erzählte, hatten nur selten ein Maß und oft gar kein Ziel, aber sie waren immer witzig, ergreifend, phantastisch. Und nun also bekam ich es mit dem zweiten Deutschlehrer meines Lebens zu tun, der ganz anders war.

Sechs Jahre lang haben er und ich darum gerungen, dass wir einander endlich die gebührende Anerkennung zollen könnten. Das waren Jahre, in denen im Deutschunterricht noch nicht Texte in Häppchenform dargeboten und abgerufen wurden; Dr. Joseph Guth hat selbstverständlich mindestens zwei Schulstunden in der Woche dafür verwendet, mit uns Bücher zu lesen, und zwar zur Gänze und laut. Und was für welche! Dieser Lehrer war ein Lesender von exquisitem Geschmack und mit einer Vorliebe für originelle Lektüre. Jean Paul schätzte er mehr als Goethe, was bei einem, der sich im alltäglichen Verhalten so pedantisch zeigen konnte, sehr überraschen mag. Kleist, Büchner, E. T. A. Hoffmann schätzte er, und von Wilhelm Raabe lasen wir mit ihm das absonderlichste Werk dieses großen Erzählers, nämlich »Stopfkuchen«, das Hohelied auf die Außenseiter und ihre stille Rebellion. Bei jedem Versprecher oder Verleser korrigierte uns der Professor, und was einmal falsch vorgelesen wurde, musste mit dem vollständigen Satz noch einmal wiederholt werden. Balladen wurden nicht strafweise aufgegeben, sondern um uns den Wert des Memorierens, die Freude am Vortrag des auswendig Gelernten zu vermitteln.

Zwischen dem Lehrer und mir, seinem Schüler, war von Anfang an eine bestimmte Spannung, nachträglich möchte ich es mir so erklären, dass ich schon immer darauf aus war, von ihm als sein liebster Schüler anerkannt zu werden, und dass ich dies damit zu entgelten bereit war, in ihm meinen wichtigsten Lehrer zu sehen. Bis dahin hatten wir aber einen langen Weg. Die ganze Unterstufe über habe ich keinen einzigen Aufsatz mit der Note »Sehr gut« zurückbekommen. Meist schrieb Professor Guth einen langen Sermon unter meinen Aufsatz, der unweigerlich auf das Urteil zulief: »Thema verfehlt! Daher nur Gut.« Oder Befriedigend. Zuhause zeigte ich die Aufsätze gekränkt meinem ersten Deutschlehrer, der die Benotung in unserer privaten Klausur meist auf Sehr Gut verbesserte.

Nach den Ferien auf die siebte Klasse aber war es geschehen. Wir lasen mittlerweile Kafka, und beim gesprächsweisen Versuch, »Das Urteil« zu deuten, machte uns Guth darauf aufmerksam, was für ein absonderlicher Vater das sein musste, der seinen Sohn zum Tod verurteilte. Ich hielt dem entgegen, dass die Bereitschaft des Sohnes, das Urteil des Vaters klaglos an sich selbst zu vollstrecken, noch viel absonderlicher sei. Das war nicht die Wende, sondern schon eine ihrer ersten Folgen. Auf den ersten Aufsatz der siebten Klasse erhielt ich den ersten Einser meines Lebens in dem Fach, auf das es mir am meisten ankam. Und zugleich ein Buch geschenkt, das ich noch heute habe und in dem in schwungvoller Schrift die Widmung steht: »Als Anerkennung für den Aufsatz ›Die Party‹. Prof. Guth«. Was für ein Lehrer, der seinen noch nicht 17-jährigen Schüler mit dem grandios verstiegenen Roman »Jakob von Gunten« von Robert Walser bedachte, einem Autor, der damals ein Geheimtipp von Kennern war. Das Buch hatte Guth vorher selbst gelesen, es war mit zahlreichen Anstreichungen von ihm versehen, die zum einen das Grundgerüst des Textes markierten, zum anderen einzelne Formulierungen hervorhoben. Pedantisch hatte er die betreffenden Stellen mit auf Lineal gezogenen Bleistiftstrichen kenntlich gemacht. Bis zur Matura musste ich künftig fast jede meiner Schularbeiten vor der Klasse vorlesen, was eine problematische Auszeichnung war, hatten wir doch ein Alter erreicht, in dem wir es als Blamage empfanden, von einer Autorität gelobt zu werden. Allerdings konnte Guth sich damals bereits des unangefochtenen Respekts bei uns älter gewordenen Schülern sicher sein. Mit all seinen Schrullen war er uns lieb geworden, dieser Mann, der auf Ruhe im Unterricht größten Wert legte, jedoch selber, wenn jemandem ein echtes Witzwort gelang, in ein raumerfüllendes Lachen ausbrechen konnte.

Natürlich erfinde ich mir meine Jugend, wenn ich mir nachträglich erkläre, dass der erste Deutschlehrer meines Lebens in mir die Freude am Spielen mit Geschichten weckte und der zweite mich lehrte, dass man nicht jedem Einfall, der einem gerade zugeflogen ist, auch mitgerissen folgen, sondern beim Schreiben gedanklich, motivisch, stilistisch auf der Spur bleiben soll.

Schon kurz nach der Matura waren all die Schüler, die sich zuvor gedacht hatten, dass sie ewig Verbindung halten würden, in alle Winde zerstreut. Wenn ich alle paar Jahre einen von ihnen zufällig irgendwo treffe und wir über das Einzige sprechen, was wir jedenfalls gemein haben, die Schulzeit, dann weiß jeder eine, seine eigene Episode von diesem besonderen Lehrer zu erzählen. Und ich staune heute noch darüber, wie anarchisch der Witz dieses konservativen Mannes, wie unangepasst seine altväterische Kauzigkeit war. Ja, ein Leser und ein Lehrer, wie er im Buche steht.

Kurze Autobiographie des Autors
als junger Leser

In den Ferien von der sechsten zur siebten Klasse des
Gymnasiums belohnte ich mich mit einem vorzeitigen Lese-
rausch dafür, dass ich mich so diszipliniert mit Gleichungen
und Ungleichungen, Potenzen und Logarithmen würde be-
schäftigen müssen. Im September stand die Wiederholungs-
prüfung aus Mathematik an, und ich quälte mich mit einem
Schulstoff, für den ich mich erst zu interessieren vermochte,
als sich später meine eigenen Kinder damit herumzuquälen
hatten. Mein Vater, zu dessen besten Charakterzügen gehörte, sich um seine vier Söhne keine Sorgen zu machen, hatte
mit mir eine Vereinbarung getroffen. Wenn ich versprach,
mich in der zweiten Hälfte der Ferien ernsthaft auf die Nachprüfung vorzubereiten, würde er mir das Geld zuschießen,
das ich in der ersten als Ferialarbeiter in der Eisengießerei
Hammerau im Süden Salzburgs zu verdienen beabsichtigte,
um mir Bücher zu kaufen. So kam es, dass ich mich schon
am Montag nach Schulschluss im ersten Stock der Buchhandlung an der Staatsbrücke einfand, in dem auf wunderbar langen und hohen Regalen Romane, Erzählungen,
Gedichtbände auf mich warteten. Ein Buchhändler hat mir
kürzlich erzählt, dass kaum ein Kunde mehr länger als eine

Viertelstunde in der Buchhandlung verweile, während es doch früher viele Besucher gegeben habe, die ihre Nachmittage damit zubrachten, in Dutzenden Büchern zu blättern und zu lesen, um das eine zu finden. Ich habe mir eine kleine Sammlung von Büchern in dieser Buchhandlung, die es längst nicht mehr gibt, erstöbert, indem ich stundenlang ein Buch nach dem anderen in die Hand nahm, mich fünf Mal fragte, ob ich dieses oder jenes erstehen solle, und dann mit einem, das mir endlich aus rätselhaften Gründen für diesen Tag als das richtige erschien, zur Kassa ging.

Das erste Buch, das ich so erwarb, war eigenartigerweise die rororo-Taschenbuchausgabe des Romans »Homo faber« von Max Frisch, von dem ich heute kaum ermessen kann, was mich Sechzehnjährigen an dieser Geschichte eines Technikers, der in seinen mittleren Jahren dahinterkommt, dass der Mensch doch ein Schicksal habe, das nicht vorauszurechnen ist, fasziniert haben konnte; vielleicht, dass ich mich dankbar in einer Abneigung bestätigt fand, auf die ich stolz war und die sich stur gegen alles Mathematische, Technische, naturwissenschaftlich Berechenbare richtete, denn im Ingenieur Walter Faber, der im Verlauf des Romans den Zusammenbruch seiner rationalistischen Weltsicht erlebt, begegnete mir ja ein Repräsentant jener Welt, in die ich nicht passen wollte. An dem Roman hatte ich vieles auszusetzen, und als ich jetzt das alte Exemplar aufschlug, das mich seither über zahlreiche Übersiedlungen begleitet hat, fielen mir die Anstreichungen ins Auge, mit denen ich bereits damals besonders schöne oder störend ungelenke Sätze kennzeichnete. Schon auf der ersten Seite hatte ich einen Satz angestrichen und am Rand mit »tss« versehen, wie ich es noch heute gelegentlich tue. Mein Unmut, nein, meine Empörung als Leser galt der Formulierung: »Wir hatten ziemliche Böen.«

Ich war bis dahin noch in keinem Flugzeug gesessen, aber ich stellte mir das Fliegen jedenfalls aufregender vor, als es dieser simple Satz fasste, und ich stellte mir auch unter Literatur etwas anderes vor, als dass es Böen bloß »hat« und zu deren näherer Beschreibung ein plattes »ziemlich« ausreiche.

Als Nächstes kehrte ich zwei, drei Tage später mit einem roten Buch der Bibliothek Suhrkamp nach Hause, wahrscheinlich weil ich darin blätternd jene andere Sprache gefunden hatte, die ich damals für kunstvoll, der Kunst würdig erachtete. Auch in Hermann Hesses »Narziß und Goldmund« stoße ich auf Sätze, von denen ich mir kaum mehr vergegenwärtigen kann, warum ich sie mir zumutete, so gestelzt schreiten sie einher. Für die bedächtige Erzählweise konnte ich, der ich seit je als ungestümes Kind galt, doch kaum ein Sensorium gehabt haben, und in dem Helden, einem Scholaren, der zwar in meinem Alter war, aber mit den Autoritäten nicht haderte, sondern sich nach der Unterweisung durch einen geistlichen Mentor sehnte – wie hätte ich mich mit diesem identifizieren können! »Es war sein ehrlicher Wunsch und Wille, ein guter Schüler zu sein, bald ins Noviziat aufgenommen und dann ein frommer stiller Bruder der Patres zu werden.« Mit zwei wacker blasphemischen Schulkameraden spielte ich in einer lauten Band, die Haare trug ich schulterlang, was die dümmsten Erwachsenen zur weltgewandten Schmähung reizte: »Lange Haare, kurzer Verstand«, und nicht nur mit der Obrigkeit der Schule lag ich in einem immerwährenden, von mir geradezu als Auszeichnung empfundenen Konflikt. In den Schulferien aber vertiefte ich mich in die Geschichte eines frommen wissbegierigen Schülers des Mittelalters, der sich aus freien Stücken in die Zucht des Klosters begibt.

Als Nächstes erstand ich ein Buch mit auffallendem gelben Umschlag der Reihe Hanser, dessen Titel mich anzog und in dem ich schon am Heimweg über den Mönchsberg zu lesen begann. In diesem Sommer des Jahres 1970 bin ich öfter auf den von unserer Wohnung nicht weit entfernten Mönchsberg gegangen, auf dem ich einst Schifahren gelernt hatte und auf dem ich nun im Schatten eines Baumes lesend dahinglitt und mein Leben vorausträumte. Das Lesen war mir immer eine Ermutigung gewesen; so düster konnte die Welt in den Büchern gar nicht dargestellt werden, so schlecht konnten die Geschichten gar nicht enden, dass ich mich von ihnen nicht ermutigt fühlte, in meiner Auseinandersetzung mit den äußeren Mächten und dem inneren Angsthasen, und zu dieser Ermutigung gehörte auch, dass ich mich gegen manchen Autor, den ich schätzte, und gegen manches Buch, das mich fesselte, zu behaupten versuchte. Auch in Canettis Reisebildern »Die Stimmen von Marrakesch« finde ich etliche Anstreichungen vor, darunter ein paar, in denen sich der Einspruch des Sechzehnjährigen manifestierte. »Gr.«, meine Abkürzung für »Grammatik«, setzte ich schulmeisterlich neben den in der Tat bis heute fehlerhaften Satz Canettis: »Immer war einer unter ihnen der Eifrigste, seine Bewegungen die hitzigsten.« Wie für den, der ich heute bin, hat der junge Leser, der ich war, zwei Sätze durch wellenförmige Striche der inneren Distanzierung hervorgehoben, in denen Canetti seine Lehre von der Macht der Überlebenden formulierte, die mir schon damals verdächtig war: »Auf den Grabsteinen liest er die Namen von Leuten; jeden einzelnen von ihnen hat er überlebt. Ohne dass er es sich gesteht, ist ihm ein wenig so zumute, als hätte er jeden von ihnen im Zweikampf besiegt.« Das Boxerhafte, das Canetti dem Verhältnis des Lebenden zu den Verstorbenen zuspricht, hat mich als Jugendlichen, der sich mit dem Tod viel inniger beschäftigte als der Erwachsene, moralisch aufgebracht, ohne mich freilich von diesem Autor abzubringen, wie es mich noch heute befremdlich, nachgerade infantil anmutet, ohne dass ich mir die Freude rauben ließe, alle Zeiten seine Aufzeichnungen irgendwo aufzuschlagen und ein wenig darin zu lesen.

Die Manier, Bücher reichlich mit zustimmenden oder ablehnenden Urteilen, mit ergänzenden Anmerkungen zu versehen, in ihnen also Zeichen meiner Lektüre zu hinterlassen, ist mir geblieben. Noch heute setze ich mich nicht zum Lesen, ohne einen Bleistift zur Hand zu haben. Der Eifer, mit dem ich den Schriften anderer meine Kommentare hinzufügte, ist mir eine Zeit lang selbst nicht ganz geheuer gewesen, ich fürchtete, mich damit als Besserwisser zu betätigen. Heute bin ich überzeugt, dass sich in diesen Bekundungen des Lesers der Autor äußerte, der ich werden wollte, ohne es mir oder gar anderen einzugestehen, denn lesend habe ich von Anfang an gewissermaßen immer mitgeschrieben, das Gelesene fortgeführt oder kritisiert in der unbewussten Überzeugung, dass ich dieses oder jenes hätte besser sagen können. Die besten Ideen für Bücher kommen mir noch heute nicht beim Spazierengehen, Reisen, Erstellen von Listen, Nachdenken, sondern beim Lesen, beim Lesen neuer Bücher, alter Reiseführer, der vermischten Nachrichten in der Zeitung von gestern, halb vergessenen, aber gut archivierten Aufzeichnungen von mir selbst.

Am Mönchsberg las ich in jenem Sommer der Erleuchtung auch in einem grünen Lederband, den ich in der Bibliothek der Eltern entdeckt hatte, in den Erzählungen Adalbert Stifters, unter denen es mir namentlich »Der Hagestolz« angetan hatte. Was, um Teufels willen, konnte mir die Geschichte eines Mannes, der einsam durch ein Leben ohne Frau ging, bedeutet haben, mir Jüngling, der zwar viel und von vielem träumte, aber sicher nicht von der Entsagung.

Als Nächstes griff ich mir in der Buchhandlung einen Band des Urvaters der Beatniks, »Unterwegs«, von Jack Kerouac. Heute kommt mir vor, dies wäre das einzige Buch gewesen, das meinem Drängen und Sehnen damals entsprochen haben müsste, aber genau das Gegenteil war der Fall. Ich plante mit Gleichgesinnten, der Enge unserer Stadt bestimmt morgen oder übernächste Woche zu entrinnen und als Gammler fröhlich durch Europa zu ziehen, kam aber ausgerechnet mit der Lektüre dieses Buches nicht voran, in dem es doch um die Freiheit des Aussteigens ging. Ich wäre damals nicht auf die Idee gekommen, mir eine eigene Theorie des Lesens zurechtzulegen, und so habe ich nicht weiter darüber gegrübelt, warum mir, der ich mich für einen Rebellen hielt, der Klosterschüler des Mittelalters, der unbeweibte Einzelgänger des 19. Jahrhunderts, der Ingenieur der fünfziger Jahre jene Figuren abgaben, in deren Lebenswegen ich mich auf die meinen zu setzen vermochte. Heute weiß ich, dass die Literatur die Kraft hat, uns nicht nur mit dem Ähnlichen, sondern auch mit dem Fremden, dem ganz Andersgearteten auf uns selbst zu bringen. Dass alle Bücher der Welt geschrieben wurden, damit ich sie auf mich und meine Lebensproblematik beziehen könne, schien mir selbstverständlich zu sein. Gegen das seinerzeit geforderte Lesen aus der kritischen Distanz habe ich das identifikatorische Lesen praktiziert, mit dem die Leser sich ohne Vorbehalt in jener Welt orten, von der jeweils erzählt wird, und sei es, dass sie sich dafür in die griechische Sagenwelt, auf ein russisches Landgut des 18. Jahrhunderts, in ein Raumschiff der Zukunft versetzen müssen.

Versuche ich mich an die Bücher zu erinnern, die ich mir auf unsystematische Weise aneignete, indem ich mich die Regale der Buchhandlung und zu Hause mit einem Hunger entlangfraß, der immer größer wurde, je mehr Nahrung ich mir zuführte, ist mir das Glück fast körperlich präsent, das ich dabei empfand. Als die Nachprüfung bestanden war, blieb ich bei der Lektüre als Form, mir die Welt anzueignen und mich raumgreifend in ihr zu bewegen. In der siebten und achten Klasse des Gymnasiums galt ich bereits als leidenschaftlicher Leser, und diese Tatsache begründete damals unter den Gleichaltrigen eine Art von Ruhm, die nichts mit dem prekären Status des misstrauisch respektierten Außenseiters zu tun hatte. Im Gegenteil, wäre ich nicht aus innerem Antrieb auf die Bücher gekommen, hätte ich damals aus Berechnung eine Leidenschaft für sie vorgetäuscht. Es geschah nämlich ungefähr zur selben Zeit, dass ich die Bücher entdeckte und mir eine Spezies auffiel, deren Existenz mir bis dahin zwar nicht unbekannt geblieben war, die ich aber erst jetzt wie die Bücher auf mich selbst zu beziehen begann, nämlich das andere Geschlecht. Es fügte sich wundersam, dass man bei den aufregenden Geschöpfen, die dieses hervorbrachte, vortrefflich mit seiner Belesenheit renommieren konnte. Bald, nein, sofort hatte ich heraus, dass dem Ruf, ein charmanter oder origineller Geselle zu sein, noch etwas fehlte, das mir erst die Aufmerksamkeit jener Mädchen sicherte, die mir als die begehrenswertesten erschienen. Von den Heutigen wird es kaum jemand glauben mögen, aber unter den Dingen, die den Einzelnen aus der Masse seiner langweiligen Altersgenossen herauszuheben vermochten, zählte um 1970 die Literatur, und das Gerücht, dieser oder jener halte es mit dem Lesen oder gar mit dem Schreiben, war dazu angetan, ihn interessant erscheinen zu lassen.

Einige Jahre später erfuhr ich als Student der Germanistik von der so genannten »operativen Literatur«, jener in die politische Realität eingreifenden Literatur, deren Ziel es ist, unmittelbare praktische Folgen zu bewirken. Alles in allem habe ich als Gymnasiast die Literatur nicht nur, aber auch in diesem operativen Sinne verstanden, wurde sie mir doch vom Selbstzweck immer wieder zum Mittel, mit dem ich auf mich aufmerksam zu machen wusste, und wenn ich mit einer gewissen eloquenten Dringlichkeit über traurig endende Romane oder umstürzlerische Pamphlete sprach, blieb dies nicht ohne Wirkung auf jene Repräsentantinnen des anderen Geschlechts, bei denen ich Eindruck schinden wollte. Wer als echter Leser angesehen wurde, der galt für einen Suchenden, der sich mit dem Leben, wie es war, nicht zufriedengab, für einen Grübler, der mutig in Abgründe schaute, für einen Menschen, auf dem ein besonderer Glanz lag. Operativ kam mir mein damals noch ausgezeichnetes Gedächtnis zugute, sodass ich wie nebenhin Gedichte von Trakl, Eichendorff oder Storm zu rezitieren vermochte – Heidegedichte, vorgetragen, während im Partykeller die Platten der Doors oder von Creedence Clearwater Revival gespielt wurden! Das Lesen hat mir jene Selbstsicherheit des Auftretens gegeben, um die es uns männlichen Heranwachsenden damals allen ging und die ein jeder auf andere Weise vorzutäuschen oder zu erreichen versuchte. Mir genügte es zu wissen, dass ich im Eros des Lesenden stand.

Was ich bis zur Matura auf die herrlich unsystematische Weise alles las: natürlich Kafka, von dem damals nahezu jeder Gleichaltrige ein paar Erzählungen gelesen hatte, aber auch den kauzigen, die Ereignislosigkeit der Provinz ausschreitenden Wilhelm Raabe und Albert Camus, dessen Erzählung »Der Fremde« mir zu Weihnachten 1971 das Christkind brachte, als wollte es mich endgültig zum Atheismus bekehren. Ich staune über die Routen, auf die mich die Klugheit des Zufalls in abgelegene Regionen führte, etwa zum Schweizer Ludwig Hohl, einem abweisenden Alleingänger der Literatur, dessen Erzählungen »Nächtlicher Weg« mich mit ihrer Wucht erschütterten. Das Exemplar der »Menschheitsdämmerung«, dieser Sammlung expressionistischer Gedichte von zahllosen Dichtern, die oft herzergreifend jung gestorben waren, war bald schon zerlesen, weil es ein typisches Manteltaschenbuch war, wie ich immer eines zu meiner Unterstützung bei mir führte.

Den Frühling vor der Matura brachte ich mit Knut Hamsuns »Hunger« zu. Ich hatte, zehn Jahre nach Kriegsende in eine nicht gerade wohlhabende Familie von Heimatvertriebenen geboren, niemals Hunger gelitten, war als jüngstes Kind von Eltern und Geschwistern verwöhnt worden, und die halbherzige Sehnsucht des Heranwachsenden, anderswo zu leben, hatte mich in Gedanken und Träumen nie nordwärts geführt. Dennoch war ich überzeugt, dies wäre ein Buch, das Hamsun vor achtzig Jahren für keinen anderen als mich geschrieben hatte. Ich ging durch den warmen Frühlingsregen von Salzburg und zog zugleich durch die schneebedeckten Straßen von Oslo, ich traf mich mit Freunden und Freundinnen in der Zwettler Weinstube oder im Yankee Saloon, wir tranken und feierten den schönen Überschwang unserer Freundschaft, und ich litt zugleich die Einsamkeit von Hamsuns Erzähler, dem die warmen Gaststuben verwehrt waren, die Freunde davonliefen, die jungen Frauen unerreichbare Wesen aus einer anderen Welt waren und der peinlich zu verbergen trachtete, wie verlassen und rundum gescheitert er war.

Manchmal denke ich, ich müsste all die Bücher, die ich

vor 30, 40, vor 45 Jahren gelesen habe, noch einmal lesen, jene, die mich beeindruckten, sodass ich für Tage und Wochen in ihnen lebte, und die anderen, die sich mir verschlossen, ich müsste sie mir alle noch einmal vornehmen, nicht um zu überprüfen, ob mein Urteil etwas taugte oder nicht, sondern um mir in der erneuerten Lektüre die Chance zu geben, jenem nahezukommen, der ich gewesen bin. Zu Dutzenden Büchern meines Lebens habe ich diese rätselhafte Beziehung: Den Inhalt mag ich vergessen haben, doch wenn ich die Titel höre, ersteht vor mir neuerlich jene Zeit, in der ich sie gelesen habe, gleich atme ich wieder die Atmosphäre der Zimmer, in denen ich wohnte, der Viertel, durch die ich zog, so viele Details meines Lebens, die ich vergessen hatte, werden mir in leuchtenden Farben gegenwärtig. Wenn ich mich an sie nicht mehr erinnere, erinnern mich diese Bücher zuverlässig an mich selbst, eingebettet in meine Umgebung, meine Pflichten, meine Genüsse, in die kleine und die große Geschichte jener Jahre, und das gilt für die politischen Ereignisse, die mich empörten oder begeisterten, es gilt für die Menschen, die ich kannte und die mir aus den Augen und dem Sinn geraten sind, und für die Ängste, die mich damals einschnürten, wie für die hochfahrenden Pläne, die mich erfüllten: Alles, was mein Leben ausmachte, taucht aus der Vergessenheit empor, wenn ich nach Jahren an ein bestimmtes Buch erinnert werde.

Und dann kam der Tag, an dem wir maturierten und aus der Schule entlassen wurden, ein Tag, den ich ersehnt hatte, wiewohl ich in der Schule unter keinem Despoten, sondern nur daran zu leiden hatte, dass die Zeiger der Uhr, die neben der Tafel hing, in manchen Stunden einfach nicht weiterwanderten und die Zeit, die uns zur Freiheit führen sollte, schmerzhaft stillstand. Das Studium ist mir auch als die erhebende Zeit in Erinnerung, in der ich, endlich befreit vom Reglement der Schule, so lange lesen konnte, wie ich wollte, und in der ich lesen konnte, was immer ich wollte. Mir kommt vor, als hätte ich tage- und nächtelang gelesen und damit ein paar Jahre gar nicht mehr aufgehört.

Ich hatte mich im September 1972 an der Philosophischen Fakultät der Universität Salzburg eingeschrieben und suchte nach den Fächern, in denen dem Lesen der größte Wert zugemessen wurde. Bei der Germanistik, auf die ich als Erstes kam, blieb ich, von der Anglistik und der Romanistik, in denen nicht die Lektüre, sondern das Erlernen der Sprachen im Vordergrund stand, wandte ich mich enttäuscht ab. Viele Schriftsteller üben sich gewohnheitsmäßig in der Abwertung der Literaturwissenschaften; sofern sie sich als Studenten selbst kurz mit ihnen eingelassen haben, behaupten sie gerne, durch die wissenschaftliche Beschäftigung mit der Literatur fast vom Glauben an deren schöpferische Kraft abgebracht worden zu sein, und hatten sie ohnedies von Anfang an einen Bogen darum gemacht, betonen sie jedenfalls, dass die Wissenschaft lächerlich verfehle, was Literatur bedeute und ausmache. Diese beflissene Schelte geht mir auf die Nerven, ich halte es für eine intellektuelle Unredlichkeit, sein eigenes Künstlertum zu adeln, indem man die Kunst zum schlechthin Unfassbaren und Unbegreiflichen erklärt. Wer die Kunst zur Domäne einzig der Künstler macht, deren Genius darin besteht, gar nicht zu wissen, wie sie und was sie schaffen, der löst die Literatur aus ihren sozialen und historischen Bezügen, also letztlich aus dem Leben selbst heraus.

Ich studierte Germanistik vom ersten Semester an mit Leidenschaft und wollte von dem, was ich las, immer mehr verstehen, durch genauere Lektüre, vermehrtes Wissen, wie ich auch von jenen, die diese Bücher verfassten, mehr wissen wollte, wer ihre Vorbilder waren, wie sie sich schreibend von ihnen entfernten und wohin sie strebten, was ihnen die Kunst, die Natur, die Politik bedeuteten ... Ich zauderte nicht, mir aus den strukturalistischen Schriften, die in jenen Jahren die Universitäten eroberten, zu nehmen, was ich anregend fand, aber eine ihrer Hauptthesen, dass nämlich die Struktur und nicht das schöpferische Individuum zähle, der sich unendlich fortschreibende Text und nicht der Einzelne, der ihn verfasst und liest, hat auf mich nie die geringste Anziehung ausgeübt.

Über die Jahre des Studiums bin ich mehrmals in der Woche in die Bibliothek des Germanistischen Instituts in der Akademiestraße gegangen, am Fußballplatz mit seiner alten Tribüne aus schwarz moderndem Holz vorbei, über dessen Rasen ich ein paar Jahre vorher noch als Mittelstürmer für die Juniorenmannschaft des UFC Danubia, des Vereins der Salzburger Donauschwaben, gerannt war. Das Institutsgebäude war ein zweistöckiger massiver Kasten, der wenige Jahre, nachdem er hier abgestellt worden war, bereits schäbig witterte, wie als Ruine errichtet, die sich dann aber erstaunlich widerstandsfähig noch viele Jahre hielt. Im Parterre befanden sich der größte Hörsaal und die Bibliothek, ein Ort der Ruhe mit einem breiten düsteren Mittelgang, von dem, glaube ich, sieben verschieden große Räume wegführten, die keine Türen hatten und aus denen dennoch nichts zu hören war als das aufmerksame Schweigen der Lesenden. Der Ort war mir wegen der Bücher, deren Ordnung sich mir bald erschloss, und zugleich wegen der Ruhe wie der Geselligkeit lieb, man konnte hier stundenlang still vor sich hin lesen, aber man traf auch immer jemanden, mit dem man in das Foyer hinaustreten konnte, auf ein Gespräch und eine Zigarette. Ich habe dort die Bücher exzerpiert, die ich für ein Proseminar oder ein Konversatorium zu lesen hatte, bin aber nach meiner alten Gewohnheit zwischendurch von Regal zu Regal gewandert, um einzelne Bücher herauszugreifen und aufzuschlagen, und so habe ich im Laufe von sieben Jahren wohl fast jedes Buch der Bibliothek einmal in Händen gehabt.

Viele Entdeckungen verdanke ich dieser Neugier der Hände, etwa die vom expressionistischen Autor Karl Otten herausgegebene Werkauswahl des österreichischen Dichters Albert Ehrenstein, der in der Armut der Wiener Vorstadt geboren wurde und im Armenhospital von Welfare Island bei New York gestorben war. Ich gehe abends aus der Bibliothek nach Hause in mein Zimmer in einer Wohnung der Lehener Vorstadt und forme gehend durch das raschelnde Laub beim Fußballplatz und am Salzachkai schon die bitteren Sätze, die ich zehn Jahre später in einem Buch über Ehrenstein veröffentlichen werde, das sowohl von der intellektuellen Leseweise des Germanisten als auch von der identifikatorischen des Lesers von Anbeginn geprägt war. Es erschien unter dem Titel »Wann endet die Nacht« und war eine monographische und biographische Annäherung an diesen Vergessenen, die etwas juvenil Bemächtigendes hatte, so sehr habe ich mir Ehrenstein zum privaten Heros erkoren und so bedenkenlos habe ich, das wohlbehütete Kind, das in Friedenszeiten, noch dazu in den besten Jahren des ganzen 20. Jahrhunderts aufwuchs, mich in dem aus seinem Land vertriebenen und im Elend untergegangenen jüdischen Dichter gespiegelt.

In den Studienjahren las ich weiterhin mit der identifikatorischen Freude dessen, der in jedem Buch seine eigene Sache verhandelt sieht, zunehmend aber auch auf die distanzierte, analytische Weise des Studenten, der es durchaus reizvoll fand, sich vorzustellen, in ein paar Jahren als Assistent, dann als Dozent und schließlich als Professor in dieses Institutsgebäude zu treten. Sehe ich meine alten Lektürenotizen durch, fällt mir auf, dass sich zu diesen beiden Formen der Lektüre, die sich für mich nicht ausschlossen, sondern ergänzten, bald eine dritte gesellt, fast möchte ich sagen, hinzugeschwindelt hatte, denn anfangs merkte ich wohl gar nicht, dass es sie gab. Ich meine die gewissermaßen technische Lektüre des verkappten Autors, der bei allem, was er liest, auch bedenkt, wie er selber es formuliert und komponiert hätte, der – es ist ein schreckliches Wort, ich weiß – an der Machart eines Buches interessiert ist, den Autoren gewissermaßen hinter ihre Tricks zu schauen versucht und lesend ausprobiert, was er mit demselben Stoff anfangen könnte. Biographisch ist mir dies rätselhaft, denn in den Jahren, da ich in Salzburg studierte, bildeten sich hier zwar einige literarische Zirkel, in denen etwa Erwin Einzinger, Elisabeth Reichart, Margit Schreiner, Christian Schacherreiter, C. W. Aigner, Gerhard Kofler, Max Blaeulich und unter den etwas Jüngeren Christoph Janacs, Ludwig Laher, Fritz Popp, Leo Federmair und etliche andere ihre Texte präsentierten, aber von diesen Zirkeln hielt ich mich fern, und wenn ich heute mit einigen der Erwähnten befreundet bin, so hat das nicht mit den gemeinsamen Studienjahren zu tun, denn während dieser hatte ich mit ihnen keinen oder kaum einen Kontakt. Unter den damals bereits publizierenden Studenten war ich einzig mit Erich Hackl und Klemens Renoldner befreundet, und die Zeit, in der ich mit Hackl und meinem Bruder Bert zusammenwohnte, war von ausschweifenden Lektüren und Debatten über diese Lektüren sowie über Politik und Fußball ausgefüllt. Respektvoll spottete Erich über meinen ausgeprägten Hang zu Gesamtausgaben, denn ich nahm mir, im Gegenzug zu den methodisch gesuchten Zufallsfunden, einen Klassiker nach dem anderen vor, Eduard Mörike und Theodor Fontane, Nestroy und Anzengruber, Thomas und Heinrich Mann, Arthur Schnitzler, Ödön von Horváth, Hermann Broch.

Diese Autoren habe ich nicht mehr bloß gelesen, sondern regelrecht studiert, sodass die Anzahl der Ordner und Mappen wuchs, in denen ich die Exzerpte von Studien, also von Werken der so genannten Sekundärliteratur, ablegte. Schon der Begriff war mir ein Ärgernis, und bis heute mag ich in der Literatur keine Hierarchie der Gattungen und Genres anerkennen. Wenn sie mir Neues schlüssig bietet und davon zeugt, dass ihrem Verfasser die analytische, wissenschaftliche Lektüre zu persönlichen Erfahrungen verhalf, ist mir eine literarhistorische Studie nicht weniger wert als eine Erzählung, die in dieser Studie interpretiert wird; eine wissenschaftliche Biographie gilt mir, wenn es ihr mit Recherche und Komposition gelingt, ein Leben in seiner Epoche erhellend darzustellen, nicht weniger als die autobiographischen Versuche von Autoren, deren Ruhm ihnen später solche Biographien eintragen wird. Ich nehme es als Attacke auf mich persönlich, wenn man in Würdigungen meine literarischen, publizistischen, editorischen Arbeiten gegeneinander auszuspielen versucht. Ich fühle mich vollkommen missverstanden, wenn man, wie immer man die Dinge gewichtet, zwischen den, der Bücher schreibt, und den, der in Zeitungen und Zeitschriften publiziert, einen intellektuellen Keil zu treiben versucht. Egal, woran ich schreibe, ich tue es immer mit derselben Haltung und demselben Anspruch, und selbst eine vermeintlich so einfache, gewissermaßen dienende Sache wie eine Literaturkritik bereitet mir beim

Schreiben gleich viel Mühe und gleich viel Vergnügen wie die Arbeit an einem formal komplex angelegten und ein viel größeres geistiges Areal durchmessenden Journal. Auch bei einer Literaturkritik, die im Feuilleton der Zeitung gerade eine halbe Seite einnehmen wird, benötige ich in der Regel fünf, sechs Fassungen, bis ich es mir zugestehen kann, den Text in die Öffentlichkeit zu entlassen. Was mich selbst nach 35 Jahren immer noch reizt, eine Literaturkritik zu verfassen, ist dasselbe, das mich antreibt, es immer wieder mit einem neuen Buch anzugehen, von dem ich, wenn ich es beginne, weiß, dass ich dafür den langen Atem von achtzehn Monaten benötigen werde: Ich verfasse Literaturkritiken, weil ich mir über die Bücher, die ich lese, erst klar werde, indem ich über sie schreibe, ja, ich kann erst schreibend wirklich Klarheit über sie und meine Leseerlebnisse gewinnen. Und genau das ist es, warum ich mich stets neuen, ungleich umfangreicheren Projekten stellen muss: nämlich um schreibend etwas herauszufinden, über mich, meine Zeit, einen historischen Landstrich, einen Menschen und in all dem immer wieder über mich, das andere nachdenkend oder debattierend herausfinden mögen, während ich dafür nichts anderes zur Verfügung habe, als die Bereitschaft und den Wunsch zu schreiben. Manchmal ist auf das anregend Gebildete oder ermüdend Bildungsschwere meiner Bücher hingewiesen worden, auf das Wissen, das in ihnen ausgebreitet wird. Aber ich habe noch kein Buch geschrieben, weil ich so viel weiß, das ich loswerden und in Büchern verstauen will, sondern nur solche, in denen ich etwas herausbekommen und erfahren wollte, was ich einzig in der Literatur herausbekommen und erfahren kann.

Wer tüchtig Sekundärliteratur liest und zudem die oft modebestimmten theoretischen Schriften seiner Zeit aufzunehmen versucht, der wird auch leere Lektürekilometer hinter sich bringen. In jenen siebziger Jahren wurden zahllose Schriften produziert – das aus der Industrie stammende Wort ist angebracht –, die sich, marxistisch inspiriert oder dogmatisch uninspiriert, mit einer Art von Anwendungswissenschaft zufriedengaben. Eine kleine Zahl von Kernbegriffen der marxistischen Ästhetik – Basis / Überbau, Widerspiegelung, Typus und dergleichen – wurde auf eine Vielzahl ganz verschiedenartiger Texte angewendet, als wäre damit etwas gewonnen, dass sich die allgemeine Theorie über jeden besonderen Fall legen ließ. Gleichwohl möchte ich nicht lamentieren, mit dem eifrigen Studium von germanistischen Büchern, die Titel trugen wie »Der bürgerliche Roman als Institution«, meine Lebens- und Lesezeit vergeudet zu haben. Manches davon ist, nachdem ich es gelesen und mir dazu meine eigenen Gedanken gemacht habe, tief in mich eingesunken, sodass ich mir diese Einflüsse im Einzelnen gar nicht mehr bewusst zu machen vermag.

Eine wichtige Unterscheidung, die ich meinem Verständnis der Welt wie der Literatur zugrunde lege, ist die zwischen Realität und Wirklichkeit. Realität, das ist die Welt der recherchier- und überprüfbaren Fakten; die Wirklichkeit hingegen, unendlich reicher, wird von dieser Realität gebildet, aber zudem auch von den Träumen, den Plänen und Hoffnungen der Menschen und ihrem Wunsch, sich mit der Realität nicht zufriedenzugeben, sondern sie umzuformen, zu verändern, sie menschengemäß zu gestalten. Die Realität kann man literarisch als fleißiger Sammler gewissermaßen zusammentragen, zur Wirklichkeit, der verborgenen Welt des Menschen, muss man erst vorstoßen. Als ich auf einer Lesereise in Frankreich diese für mich in jeder Hinsicht wichtige Unterscheidung radebrechend dargelegt hatte, stand ein akademischer Lehrer, ein paar Jahre älter als ich, im Auditorium auf und sprach von einem seltenen Glückserlebnis, das er mir zu danken habe. Viel zu selten begegnete er heute noch einem echten Lefebvreianer, denn dieser marxistische Soziologe und Philosoph wäre selbst in seiner Heimat nur mehr ein Name, aber kein anregender Geist mehr, der in der politischen und intellektuellen Auseinandersetzung noch eine Rolle spielte. Ich bedankte mich artig, um die österreichisch-französische Freundschaft nicht zu gefährden, und nahm mir vor, zu Hause nachzusehen, was es mit unserem gemeinsamen Idol Henri Lefebvre, von dem ich Genaueres nicht mehr wusste, auf sich hatte. Was soll ich sagen? Ich fand gerade dort, wo ich es vermutete, rasch ein Taschenbuch, das ich wohl seit dreißig Jahren nicht mehr in der Hand gehabt hatte, setzte mich auf die Holztreppe, die unsere Bibliothek hinaufführt, und stieß tatsächlich auf der ersten Seite, die ich aufschlug, auf eine von mir mit mehreren Ausrufezeichen markierte Passage, in der Lefebvre in seiner etwas umständlichen Sprache gerade jene Unterscheidung vornahm, die ich seit längerem für meine ureigene Entdeckung, ja mein persönliches Credo gehalten hatte.

Energisch versuchte ich mir als Germanist das anzueignen, was man als Kanon bezeichnet, eine erstaunlich langlebige Sammlung von Werken, die aufeinander bezogen sind und alle zusammen so etwas wie die, Pardon, literarische DNA einer Nation ausmachen. Mit einem solchen Kanon kann man sich auch als fleißiger Wissenschaftler ein ganzes Leben auseinandersetzen, indem man die Werke der kanonisierten Autoren und Autorinnen immer genauer erforscht, unbekannte Texte und Quellen aufspürt, neue Zusammenhänge findet, ungewöhnliche Lesarten vorschlägt.

Meine Neigung zu Werkausgaben hat mich dazu gebracht, in der Kenntnis der kanonischen Werke tüchtig voranzuschreiten, und doch verspürte ich bald ein gewisses Unbehagen, weniger an den einzelnen Werken des Kanons als daran, dass ich diesen gewissermaßen als gegeben anerkennen sollte. Dabei stand mir der Sinn nicht nach dem Sturz der Klassiker, sondern danach, neue Autoren zu finden, vergessene, niemals bekannt gewordene, totgeschwiegene, die es verdienten, gelesen und bekannt gemacht, einem besseren Kanon eingeschrieben zu werden. Warum sollte es, dachte ich mir, ausgerechnet in der Literaturgeschichte anders zugehen als sonst im Leben? Waren die populärsten Politiker die besten, waren es die nachdenklichen und begabten unter den Freunden, die am raschesten Karriere machten, herrschten in der Welt die Gerechten und Unbestechlichen?

Dass ich Autoren ausfindig machen wollte, die bedeutende Literatur geschrieben hatten, aber unbekannt geblieben waren, hing mit meinem Misstrauen zusammen, dass die herrschenden Auffassungen auch die richtigen seien, und hatte mit einer Freude am Entdecken zu tun, von der ich nicht weiß, wie sie in mich gepflanzt wurde. Tatsächlich schwebte mir hochmütig nichts anderes vor, als an einer Art von Korrekturprogramm der Weltgeschichte mitzuwirken, von der die österreichische Literaturgeschichte nur einen winzigen, indes besonders schönen Seitenzweig darstellte. Und so beschäftigte ich mich eben nicht nur mit Grillparzer, sondern auch mit den wenig bekannten Poeten des Vormärz, etwa mit jenem Oberleutnant der kaiserlichen Armee, Cäsar Wenzel Messenhauser, der in einer galizischen Kaserne zu schreiben begonnen hatte, 1848 Oberkommandierender der revolutionären Nationalgarde in Wien wurde und sein Ende vor einem Hinrichtungskommando der Habsburger fand. Ich las nicht nur Schnitzler und Joseph Roth, sondern eben auch Leo Kompert oder Karl Emil Franzos, dessen galizische Ghettogeschichten aus »Halb-Asien« mich faszinierten; nicht nur Trakl, Rilke, Hofmannsthal, die drei kanonisierten Dichter der Moderne, sondern auch Albert Ehrenstein, Hugo Sonnenschein, Theodor Kramer, drei Autoren, von denen ich in den Vorlesungen, denen ich so viele Anregungen verdankte, nicht einmal die Namen gehört hatte.

Die Neugier der Hände, die mich seit je befiel, kaum dass ich vor abgesperrten Türen, verschlossenen Läden, zugeklappten Kästchen, verschnürten Schachteln oder eben auch vor dicht gereihten Regalen stand, kam mir geistig sehr zugute, denn auf die meisten Autoren, über die ich später essayistische Porträts verfertigen würde, bin ich nicht in Bibliographien, sondern gewissermaßen als Handarbeiter gestoßen. Als ich nach dem Studium zuerst in Zeitschriften wie dem legendären *Wiener Tagebuch*, dann in etlichen kleinen und ein paar großen Zeitungen zu publizieren begann, galt ich bald als der junge Mann, der eine Obsession für abseitige Autoren hegte, die sonst kaum wer kannte. Das haben manche für die Marotte eines Jünglings gehalten, der sich auf den Weg zum weltfremden Gelehrten aufgemacht hatte, aber es verhielt sich ganz anders: Es war der Versuch, mir lesend und schreibend ein eigenes, anderes Bild von der Welt zu erschaffen, in dem auch die verwischten Spuren der Revolte, von denen man gerne behauptet, es hätte sie in Österreich ohnedies gar nicht gegeben, wieder sichtbar würden. Was ich sein wollte, war keineswegs jener Privatgelehrte, als den ich mich einmal, unvorsichtig über mich selber spottend, in einem langweiligen Interview ausgegeben hatte, eine völlig falsche Charakterisierung, die mir noch heute nachhängt. Nein, mein Fleiß diente nie der privaten Gelehrsamkeit, vielmehr wünschte ich mir, dass meine »Korrekturen«, die mich mitunter dazu verleiteten, unbekannte Autoren in einem Akt ausgleichender Ungerechtigkeit zu überschätzen und geradezu in den Himmel zu loben, von möglichst vielen Leuten gelesen und große Wirkungen zeitigen würden. Denn immerhin jene eine Eitelkeit war nie die meine, die den einsam Wissenden nach dem leeren Vergnügen streben lässt, nur für sich alleine ein Wissen zu erwerben und zu hüten, das den anderen auf immer unzugänglich bleiben möge.

Irgendwann kam ich nicht umhin, das Studium abzuschließen, mit Prüfung und Diplomarbeit bei jenem Professor Walter Weiss, zu dem viele seiner Studenten in einem verkrampften Verhältnis standen: Einerseits wollten sie gerade von dieser strengen Instanz anerkannt werden, andrerseits war ihnen dieses Begehren selber peinlich, und darum warfen sie es ihm und nicht sich selber vor. Bei Walter Weiss hatte ich meine Diplomarbeit über Peter Weiss verfasst, aber nicht über dessen politischen Werke, die ich mit Gewinn, jedoch ohne Begeisterung gelesen hatte, sondern über seine avantgardistische erzählerische Etüde *Der Schatten des Körpers des Kutschers*, was mir die Möglichkeit bot, am Ende des Studiums zu erproben, ob ich mir das literaturwissenschaftliche Handwerk so gründlich angeeignet hatte, dass es zur formalen Analyse dieses formal äußerst anspruchsvollen Werkes taugte. Mit Walter Weiss, über den ich ein andermal schreiben werde, vereinbarte ich danach eine Dissertation über die ästhetischen Schriften des häretischen österreichischen Marxisten Ernst Fischer, von dem ich, noch als Dissertant, in den nächsten Jahren zusammen mit Ludwig Hartinger eine achtbändige Werkausgabe edierte, die mich, merkwürdig genug, nicht zum angestrebten Doktorat, sondern endgültig hinaus aus dem akademischen Leben führte.

Seit meiner Kindheit war ich es gewohnt, immer irgendwo im Mittelpunkt zu stehen, als Jüngster der Familie, in wechselnden Freundeskreisen, sogar im Fußballclub, in dem viele raue Kameraden aus, heute würde man sagen: problematischen Familien stammten, unter denen ich, der Gymnasiast aus bildungsbürgerlichem Haus, mich wohlfühlte und behaupten konnte, und selbst im gymnasialen Orden der Lesenden war ich noch so etwas wie der Oberpriester gewesen. Ob er mir bestritten wurde oder ich ihn freiwillig räumte, während des Studiums ging mir dieser Platz jedenfalls verloren. Als Student erlebte ich, was ich als Gymnasiast umgekehrt erfahren hatte, dass man lesend nämlich auch aus dem Takt der Gleichaltrigen geraten kann und so nach und nach aus der Mitte an den Rand gerät. Von wenigen Ausnahmen abgesehen, fand ich während des Studiums keine neuen Freunde, und ich glaube, ich suchte sie auch gar nicht. Als ich das Studium beendet hatte, einfach weil eines Tages auch die letzte Prüfung absolviert war, merkte ich es gar nicht recht, denn ich machte einfach weiter wie bisher, außer dass ich jetzt nicht mehr die Fachbibliothek in der Akademiestraße aufsuchte, sondern die Universitätsbibliothek in der Stadt. Es war keine heroische Tat von mir, mich nicht um eine berufliche Existenz zu sorgen, die Idee selbst, dass ich mich für einen Beruf entscheiden sollte, wäre mir gar nicht gekommen.

Auch jetzt, da ich später als viele meiner Kollegen zu publizieren begann, ermutigte mich die Literatur; sie ermutigte mich, den Weg, den ich wie selbstverständlich eingeschlagen hatte, weiterzugehen und mich dabei weder von Zuspruch noch von Ablehnung ungebührlich beeindrucken zu lassen. Neben manchem, mit dem ich mir das Leben immer schon unnötig erschwere, zählt auch dies zu den psychischen Elementartatsachen meines Lebens: dass ich mich über Beifall, über Anerkennung freuen kann, davon aber auch nicht in Hochstimmung versetzt werde, und dass ich mich über Kritik, nicht nur, wenn sie vorhersehbar berechnend ist, zwar über Tage furchtbar ärgern, aber nicht grämen muss, weil sie mich zwar empört, aber im Innersten kaum berührt.

Erst einige Jahre später, als ich bereits eine eigene Familie gegründet und meine ersten Bücher veröffentlicht hatte, ging ich vom Rand ein Stück ins Zentrum zurück, nicht so weit, dass ich je wieder zum Mittelpunkt von irgendwas geworden wäre, aber weit genug, dass ich nicht versucht war, mich zum Unverstandenen oder Abgewiesenen zu stilisieren und einen Kult um die herrliche Einsamkeit zu betreiben. Ja, ich hatte den mir gemäßen Ort in der Halbdistanz gefunden: Mit mir, ohne mich!

Bis man zum Vorlesen kommt

Auf Lesereise in Deutschland

Mancher Autor liebt sie als Belohnung, die auf die Monate der einsamen Arbeit am Schreibtisch folgt, andere fürchten sie, aber lassen sich von ihren Verlagen pflichtbewusst dennoch eine verpassen; und mir dient sie zur Begegnung mit fremden Welten in der nächsten Nähe: die Lesereise. Selten bin ich so wohlerzogenen Menschen begegnet wie kürzlich im Osten Deutschlands, als ich dort ein paar Tage von Literaturhaus zu Literaturhaus unterwegs war. Wenn ich nur an Halle an der Saale denke! An einem sonnigen Vormittag wartete ich auf den Zug, der kurz vor elf Uhr eintreffen und mich nach München bringen sollte. Auf dem Perron tummelten sich eher achtzig als sechzig Leute, einige hatten nur eine Aktentasche dabei, andere standen vor Bergen mit Koffern und Rucksäcken, als begänne gerade hier ihre Weltreise, etliche mussten sich bereits auf den Rollator stützen, und ein paar nahmen ihre Kleinsten im Kinderwagen mit auf die Fahrt.

Als es eine gute Viertelstunde nach elf und unser Zug noch immer nicht zu sehen war, machte sich unter den Reisenden keineswegs Ratlosigkeit oder gar Unmut breit, obwohl der elektronischen Anzeige nur zu entnehmen war, dass der Zug bereits vor zwanzig Minuten Richtung München abgefahren sein musste. Dann jedoch ließ uns eine freundliche Stimme über Lautsprecher wissen, dass der ICE heute ausnahmsweise auf einem anderen Gleis einlangen werde als sonst. Und im selben Augenblick war er auch schon da. Der Pulk der Geschäftigen, Schleppenden, Mobilen und Humpelnden setzte sich in ungeordnete Bewegung, die Treppe hinunter und nach zwanzig Metern wieder hinauf, und stürmte, von den Schaffnern mit gutmütigen Zurufen angefeuert, den Zug über die jeweils nächstgelegene Tür des nächstgelegenen Waggons. Kaum waren die Langsamsten aus der Rollatoren-Truppe in den Zug gehievt, fing dieser auch schon nahezu geräuschlos zu fahren an. Natürlich herrschte ein Riesendurcheinander, denn der Zug war auch vor Halle schon gut besetzt gewesen, und jetzt kamen lauter Leute dazu, die nicht wussten, in welchem Waggon sie sich befanden und was sie mit ihren Reservierungen, die sie in Händen hielten, anfangen sollten.

In Österreich würde in einer solchen Situation aus sonst obrigkeitsfrommen Menschen jäh der Zorn aufschießen und eine Art von anarchischer Renitenz die Reisenden ergreifen. Nichts davon war hier im Osten Deutschlands zu verspüren, der mir doch als Aufmarschzone der Drauf- und Dreinhauer geschildert worden war. Im Waggon befanden sich beiläufig doppelt so viele Personen, als Platz finden konnten, auf dem Gang türmte sich das Gepäck – und doch: keiner schubste oder kämpfte um seinen Sitzplatz, niemand, der drängelte oder quengelte, eine rätselhafte Friedfertigkeit oder eher staunenswerte Fügsamkeit hatte sich über das Chaos gelegt.

Ich war schon ein paar Tage unterwegs und hatte mich oft

darüber gewundert, was alles nicht klappen kann, wenn man in Deutschland mit der Bahn fährt, und was denen, die es in ihrem Land dennoch tun – weil sie müssen oder aus ökologischen Gründen wollen –, zugemutet werden darf, ohne dass es zum täglichen Aufstand käme. Im ersten Zug fielen bloß die digitalen Reservierungen und Informationen aus, der zweite war dafür gleich ersatzlos gestrichen. Von den Anschlusszügen erwischte ich mindestens einen von dreien nicht, dafür bin ich – mit meinen 65 Jahren kein hinfälliger Greis, aber doch über das Alter des Trampens hinaus – einmal inmitten von Anzugträgern, die konzentriert an ihren aufgeklappten Laptops arbeiteten, auf dem Boden gesessen. Das Merkwürdigste war, dass ich von den Leuten, die auf den Bahnhöfen desinformiert herumirrten oder vor defekten Toiletten der Züge standen, kaum ein Wort der Empörung hörte.

Dazu trugen sicher die Schaffnerinnen und Bordstewards bei, zu deren Berufsausbildung vermutlich längst das Diplom zum Mediator gehört und die ihren Dienst mit unerschütterlichem Frohsinn versahen. Aber sie alleine konnten es nicht ausmachen. Nach und nach begriff ich, dass die meisten Reisenden das, was sie an Unbill erlebten, nicht für den skandalösen Einzelfall hielten, sondern für etwas, mit dem man als Zugreisender in der Ära des digitalen Fortschritts eben zu rechnen habe. Sie schienen keine Erinnerung mehr daran zu besitzen, dass diese Form der Fortbewegung einmal auch etwas anderes bedeutet hatte. Zum Beispiel, dass man seine Uhr sprichwörtlich nach der Eisenbahn stellen konnte!

Vor Jahren haben Martin Pollack und ich eine Anthologie mit literarischen Texten über Galizien herausgegeben. Als Titel wählten wir »Das reiche Land der armen Leute«, weil das alte Galizien reich an Bodenschätzen und landwirtschaftlichen Nutzflächen, aber seine Bevölkerung dennoch bettelarm war. Mit Deutschland, kommt mir vor, verhält es sich heute umgekehrt, es ist ein »armes Land der reichen Leute« geworden, denn das reichste Deutschland, das es jemals gegeben hat, lässt seine Infrastruktur vor den Augen aller verfallen, wie man es sich zu schlechteren Zeiten nicht hätte vorstellen können. Da wird zwar notorisch darüber geklagt, dass der Sozialstaat in den Bürgern ein Anspruchsdenken habe wachsen lassen, das den Staat mittlerweile einfach überfordere. In Wahrheit verhält es sich gerade umgekehrt, haben die Leute doch vergessen, worauf sie früher einen selbstverständlichen Anspruch besaßen!

Ich bin wahrlich nicht der Erste, der das sagt, aber habe es erst jetzt als staunender Besucher aus der Nachbarschaft in all seiner Drastik wahrgenommen: dass es nämlich nicht nur Menschen gibt, die über ihre Verhältnisse leben, sondern auch Staaten, die unter ihren Verhältnissen wirtschaften. Der deutsche Verkehrsminister und der Vorsitzende der Bundesbahn haben angekündigt, dass diese bis 2030 die Zahl der beförderten Fahrgäste verdoppeln werde. Nach Lage der Dinge ist das eine gefährliche Drohung. Sie gilt nicht mir, der ich 2030 nicht mehr auf Lesereise in Deutschland unterwegs sein werde, aber ich wüsste doch gerne, wie lange die Langmut der Deutschen währt.

Das Wunder vom Monte Pasubio

Wie ich zum literarischen
Wettergott wurde

Ich bin nicht der Wettergott, obwohl mir einmal als diesem gehuldigt wurde. Es war in der Schutzhütte Malga Zocchi auf dem Monte Pasubio, jenem Gebirgszug, der die Herrschaftsgebiete der Habsburger von denen der Venezianer trennte und im Ersten Weltkrieg zum Schauplatz endloser Kämpfe wurde, wo ich mein Wetterwunder bewirkte. Roberto Keller, der in seinem Verlag in Rovereto Reportageliteratur aus aller Welt veröffentlicht, hatte mich eingeladen, eine Wanderung zu begleiten, zu der sich jedes Jahr eine gemischte Gruppe aus ganz Italien aufmachte. Sie führte von einer Stätte des Grauens zur nächsten, denn überall am Monte Pasubio gab es Felsvorsprünge, hinter denen sich die italienischen und die österreichischen Soldaten verschanzten, oft keine zweihundert Meter voneinander entfernt, um sich monatelang zu beschießen, bis sie gemeinsam in den Winterstürmen erfroren. Und alle paar Kilometer fand sich in einer Senke, einer Lichtung ein einsamer Soldatenfriedhof, auf dem die zusammengeklaubten Gebeine der Erschossenen, Erfrorenen, Zerfetzten beider Seiten moderten. Die Wanderung durchs

Gebiet blutiger Schlachten, die drei Jahre nicht endeten, Hunderttausenden das Leben kosteten und am Kriegsverlauf nicht das Geringste änderten, führte über ausgedehnte Almen, die inzwischen zu einem Naturschutzgebiet vereint waren.

Wir zogen durch eine Landschaft, die vom Krieg verheert wurde und heute ökologisch streng geschützt wird. Ich hatte den Eindruck, dass es zwei Gruppen waren, die hier mitwanderten und in jeder Schutzhütte von einem anderen Autor erwartet wurden, mit dem sie über die Welt, ihre vergessenen Konflikte, ihre unbekannten Schönheiten sprechen konnten. Die eine bestand aus jungen Leuten, von denen etliche ihre Kleinkinder auf dem Rücken mittrugen oder an der Hand führten, die andere aus alten und sehr alten Männern und Frauen, die gleichwohl die Beschwerlichkeit nicht scheuten, durch das unwegsame Gelände zu ziehen. Die einen wollten die Natur schützen, die anderen das Gedächtnis hüten, die einen den Monte Pasubio vor dem Zugriff kommerzieller und industrieller Zerstörung bewahren, die anderen der Opfer eines alles zerstörenden Krieges gedenken. Und natürlich waren die beiden Gruppen nicht streng voneinander geschieden, denn die Naturschützer waren auch als Friedenswanderer unterwegs und diese teilten die ökologischen Ziele von jenen.

Seit Mittag hatten uns wie zum Greifen nahe Wolken begleitet, die auf den mit scharfkantigen Steinen weiß und schwarz gesprenkelten Wiesen rasch dahinziehende Schatten warfen. Ständig veränderten sich die Farben des Geländes, das satte Grün wurde düster, der blaue Felsen violett, ehe es wieder aufriss und wir uns in einer geradezu leuchtenden Landschaft befanden. In der Malga Zocchi warteten auf uns rund sechzig Wanderer, die auf dem Rückweg von einer weiter oben gelegenen Schutzhütte Halt machten. Ich wurde zu einem wackeligen Holztisch geführt, an dem mich ein junger Mann begrüßte, der sein Geld in den Krankenhäusern der Region verdiente, indem er als Übersetzer etlicher Sprachen für die Verständigung von Ärzten und Pflegekräften mit verunfallten oder im Urlaub erkrankten Touristen zu sorgen hatte. Mir war es ganz recht, dass ich die mir gestellten Fragen auf Deutsch beantworten konnte, zumal mir ein besserer Simultandolmetsch nur selten zur Seite gestanden ist.

Andrea Bertozzi war höflich und auf fast zeremonielle Weise formbewusst, was man weder von einem so jungen Mann erwartete noch von einem, der sich in der Gesellschaft von Wanderern, um nicht zu sagen, Bergkameraden befand. Mit weicher Stimme übersetzte er flink, wobei er meinen Tonfall aufgriff und, wie mir schien, gleich mir die Dinge bald in einem ironischen, bald dringlichen Ton fasste. Natürlich ging es bei einer literarischen Veranstaltung, die der Kunst der Reportage galt, bald um die Frage, welche Freiheiten sich der Autor nehmen dürfe, welche er sich zu verbieten habe und wie es in meinen Reportagen um das Verhältnis von Fakten und Fiktionen stünde. Wer eine literarische Reportage schreibt, ist zwei Dingen verpflichtet, den Menschen, von deren Schicksal er berichtet, und der Literatur, die alleine es ihm ermöglicht, nicht nur zu informieren, sondern seine Leserschaft auch zu bewegen, aufzurütteln, in ihr die Empfänglichkeit für das Leben, das Glück und Leiden, die Wünsche und Enttäuschungen fremder Menschen zu wecken. Ich erzählte den Zuhörern, dass ich die Fakten nie beliebig mit Erfindungen ausstaffierte, um Eindruck zu schinden, aber dass ich mir die Freiheit nähme, die Chronologie von Ereignissen umzustellen, besondere Züge besonderer Menschen hervorzuheben, Szenen einer mir sinnvollen Dramaturgie zu unterwerfen – und zwar nicht, um der Phantasie freien Lauf zu lassen, aber doch der Imagination ihren Raum zu bieten.

Wir befanden uns in einer Hütte am Monte Pasubio, und ich erzählte von meinen Besuchen im Slum von Svinia, wo die als Hundeesser verleumdeten Roma, die so oft umgesiedelt worden waren, dass sie das Gedächtnis für ihre eigene Geschichte und ihre Bräuche verloren hatten, in ihrem Elend festzusitzen schienen. Ich hatte sie viele Tage in ihrer Siedlung besucht, die sich ein paar hundert Meter entfernt von dem slowakischen Dorf gleichen Namens befand, und meist war es schön und heiß gewesen. Im Slum wieselten unzählige Kinder herum, die Männer standen in Gruppen rauchend zusammen und huldigten dem Schmerz des Wartens, des jahrelangen Wartens auf nichts anderes als darauf, dass es wieder Abend werde, und auch hier waren es die Frauen, die ein wenig Ordnung und Sauberkeit in den Ort zu bringen, ihre Art von Zivilisation zu sichern versuchten, indem sie den Müll zusammenkehrten oder die frisch gewaschene Wäsche auf Leinenstricke hängten.

Einmal aber tobte ein furchtbares Gewitter, als ich im Slum einlangte, schon am Weg hatte es geblitzt und gedonnert, und gerade als ich um die Kurve auf den Hauptplatz einbog, schoss nach einem gewaltigen Krachen das Wasser so prasselnd nieder, dass kaum etwas anderes mehr zu hören war als dieses Prasseln, Klatschen und merkwürdige Sirren des Wassers. Selbst in diesem Unwetter waren die Bewohner nicht in ihren ärmlichen Hütten untergekrochen, die Männer standen feixend beisammen und warteten – vielleicht auf das Ende des Gewitters, das irgendwann kommen werde, oder auf das Ende aller Tage –, die Kinder wieselten

herum wie immer, und in einer riesigen Lacke saß ein Zwei-
jähriger, der jauchzend mit der Hand auf das Wasser klatsch-
te. In diese Szene geriet ich nicht, als ich das erste Mal
den Slum von Svinia betrat, sondern nach zehn oder zwölf
Tagen. Und doch hatte ich mich entschieden, in meinem
Buch über die Hundeesser das Unwetter auf meinen ersten Besuch des Ortes vorzuverlegen, also gegen die faktische
Chronologie zu verstoßen, um jene besondere Welt, in der
Armut und trotzige Lebenslust, Verfall und Gleichmut zugleich wirkten, schon im ersten Bild einprägsam zu fassen.
Andrea lächelte, als er meinen Satz, in dem ich diese Erfahrung als Autor festhielt, übersetzte: »Ich lasse es regnen,
wann ich will, denn der Wettergott in meinen Büchern, der
bin ich selbst.«

Keine Sekunde später wurde das düstere Innere der
Schutzhütte von einem Blitz erleuchtet, der in nächster Nähe
eingeschlagen hatte, und fast im selben Moment folgte ihm
ein Donner, so gewaltig, wie ich noch keinen gehört hatte.
Der Schlag war so stark, der Schrecken so heftig, dass in der
ersten Reihe ein alter Mann von seinem Sessel fiel, ich selbst
das vor mir stehende Weinglas mit einer unwillkürlichen
Armbewegung vom Tisch wischte, der ganze Raum von einem lauten Schrei aus Dutzenden Kehlen erfüllt wurde. An
die Scheiben der niederen Fenster drückten die Kühe ihre
Nasen und starrten herein, als würden sie Beistand von uns
erbitten. Der Regen hämmerte auf das Dach, das Rauschen
war so laut wie neben einem aus der Höhe herunterstürzen-
den Wasserfall, und es hätte mich nicht gewundert, wenn die
Tür aufgesprungen und eine Mure den Raum binnen Sekunden mit Wasser, Geröll und Erde bis zur Decke aufgefüllt hätte. Das alles währte nur zwei, drei Minuten. Dem alten Mann
war längst aufgeholfen worden, es handelte sich bei ihm, wie

ich nachher erfuhr, um einen legendären Kriegsberichterstatter, der als Reporter von den Fronten in Vietnam und Kambodscha berichtet hatte und der sich nun, betreten über sein Missgeschick, noch im höllischen Tosen mit clownesker Gebärde vor den Leuten verneigte, als habe er sie eben mit einem Kunststück unterhalten wollen. Das brach den Bann, und die intellektuelle Wandertruppe begann zu lachen, wobei das Lachen zuerst an den aufgerissenen Mündern mehr zu sehen als zu hören war, und endlich im nachlassenden Regen begannen die Leute zu klatschen, und dabei schauten sie anerkennend auf mich. Sie klatschten, bis Andrea mich sanft beim Arm nahm und mir bedeutete, mich zu erheben und zu verneigen, was ich nach einigem Zaudern auch tat, der Wettergott, dem die Anerkennung für den Beweis seiner Wunderkraft trotz des großen Erschreckens, das er damit bewirkt hatte, nicht vorenthalten wurde.

Quellenverzeichnis

»Die unaufhörliche Wanderung« vereint Reportagen, Reisebilder, Glossen, Reden, historische Recherchen, von denen einige bisher unveröffentlicht waren. Andere sind in den letzten Jahren verstreut in Katalogen, Anthologien, Zeitungen erschienen; sie habe ich, wo es mir sinnvoll erschien, gekürzt, erweitert oder mit neuen Titeln versehen, die mir besser zu diesem Buch passen, das seiner eigenen kompositorischen Idee folgt.

I

Ort und Zeit

Der Sommelier von Berat. *Unveröffentlicht*
Eine Kreuzung von Welt. In: *Stadtmenschen. Fotografiert
  von Lukas Beck. Wien 2015*
Třebíč, Stadt ohne Juden. *Unveröffentlicht*
Die Wirklichkeit des Albums. Venedig in Schwarzweiß. In:
  Inge Morath: Venezia. Salzburg 2003
Die ausfotografierte Öffentlichkeit. *Süddeutsche Zeitung,
  29. Juli 2017*

Demut, lauthals. *Süddeutsche Zeitung, 10. Februar 2018*
Vom Verschwinden des Konkurrenten. *Süddeutsche Zeitung,*
    9. Februar 2019
Der Turmbau zu Babel. *Salzburger Nachrichten, 15. Juli 2017*

2
Zu ebener Erde und darunter

Das eiserne Herz des Waldviertels. In: *Last & Lost. Ein Atlas*
    des verschwindenden Europas. Hrsg. Katharina Raabe und
    Monika Sznajderman. Frankfurt/Main 2006
In der Unterstadt. In: *unterirdisch. Festschrift des Rein-*
    halteverbands Großraum Salzburg. Bergheim 1999
Die unaufhörliche Wanderung. In: *Odessa Transfer. Nach-*
    richten vom Schwarzen Meer. Hrsg. Katharina Raabe und
    Monika Sznajderman. Frankfurt/Main 2009
Ein Mädchen namens Nadica. *Der Standard, 24. Dezember*
    2001

3
Zurück, voraus

Ein Reich, geeint im Hass. *Beitrag zu der Radioserie*
    »Wegmarken« im Deutschlandfunk/Köln. Dezember 2014
Österreich-Ungarn, Jugoslawien, Europäische Union.
    Literatur und Kritik, Heft 505/506, Juli 2016
Der virtuelle Dorfplatz. In: *Spurensuche in der Gottschee.*
    Hrsg. Mitja Ferenc und Joachim Hösler. Berlin 2011

Die Renaissance der Grenze. *Rede beim Salzburger*
   Festspiel-Symposium im August 2019
Der Westen, der Osten. *Süddeutsche Zeitung, 14. Jänner 2017*
Wien in fünfzig Jahren. *Die Zeit, 12. November 2015*
Exil in der Milchstraße. *Süddeutsche Zeitung, 4. Juli 2017*

4
Lesen und Schreiben

Ein Lehrer. Albumblatt für Dr. Joseph Guth. In*: Menschen*
   aus Salzburg. Hrsg. Jochen Jung und Arno Kleibel.
   Salzburg 2016
Kurze Autobiographie des Autors als junger Leser. In*: Von*
   der Produktivkraft des Eigensinns. Hrsg. Werner Michler,
   Klemens Renoldner, Norbert Christian Wolf. Salzburg 2017
Bis man zum Vorlesen kommt. *Literatur und Kritik,*
   Heft 535/536, Juli 2019
Das Wunder vom Monte Pasubio. *Unveröffentlicht*

Inhalt

1

Ort und Zeit

Der Sommelier von Berat 7

Eine Kreuzung von Welt 12

Třebíč, Stadt ohne Juden 17

Die Wirklichkeit des Albums 22

Die ausfotografierte Öffentlichkeit 29

Demut, lauthals 33

Vom Verschwinden des Konkurrenten 37

Der Turmbau zu Babel 41

2

Zu ebener Erde und darunter

Das eiserne Herz des Waldviertels 51

In der Unterstadt 69

Die unaufhörliche Wanderung 81

Ein Mädchen namens Nadica 96

3
Voraus, zurück

Ein Reich, geeint im Hass 105
Österreich-Ungarn, Jugoslawien,
 Europäische Union 116
Der virtuelle Dorfplatz 120
Die Renaissance der Grenze 127
Der Westen, der Osten 143
Wien in fünfzig Jahren 147
Exil in der Milchstraße 155

4
Lesen und Schreiben

Ein Lehrer 161
Kurze Autobiographie des Autors als junger Leser 165
Bis man zum Vorlesen kommt 188
Das Wunder vom Monte Pasubio 192

Quellenverzeichnis 199